スピリチュアル・ラブストーリー

亡き妻との魂の交流

愛は死を超えて

フィリップ・ラグノー

愛は死を超えて　……もくじ

序文

これは常軌を逸した書物である。

著者の人格のせいではない。

なぜなら、私たちから見れば、フィリップ・ラグノーは長所と徳を存分に具《そな》えた人間だからである。そしてその長所と徳こそが、過ぎし日、彼を模範的な国民に仕立て上げたのだと思う。大カトー（古代ローマの政治家）、あるいは古代の名将のような人物と近しく接する力を自己のうちから引き出すには、人間と精神の歴史家であったプルタークの如《ごと》き人物になる必要があったのかもしれない。

彼は第二次世界大戦時の活動により、ドゴールからフランス解放勲章を授けられている。当時の幾多の思い出の中から、とりわけ記憶に焼きついている二つの出来事について記してみよう。

まず思い出すのは、一九四〇年六月十七日のことだ……。オート＝ガロンヌ県のモンドンヴィルにいたフィリップ・ラグノーは、ラジオを通して行なわれたペタン元帥《げんすい》の意志表明――ドイツへの休戦申し入れをフランス国民に告げたかの有名な演説――を耳にするや否や、降伏拒否を決意した。

そのときカフェ『ラボリ』では、老元帥の震え声がもれるラジオの周りに、数人の将校が集まっていた。若き見習い士官ラグノーは、戦場に散らばる軍の装備に思いをめぐらせると、即座に『秘密戦線』と名づけたグループを作り、自分の部隊に属する士官、下士官、見習い士官を結集させたのである。

かくして、彼にとっても仲間にとっても尋常ならざる冒険的行動が開始された。この行動は休戦の屈辱に端を発しているが、同時に、ある士官によって惹き起こされた怒りもまたきっかけになっている。その士官は連隊旗の置き場所を尋ねた彼に、「そんなもの、そこらへんに置いておけ！」と答えたのである。彼は敗北のかのとき、祖国の旗が『そんなもの』と言われたことを一生涯忘れはしないだろう。

次に思い出すのは、一九四一年、リヨンでの彼の逮捕である。

モンドンヴィルからリヨンに至るまで、どんなことがあったのか？　彼が転属されたトゥールーズは、北フランスから避難して来た人たちでごったがえしており、仲間を募るのには理想的な状態だった。ラグノーが接触したベルキー、北フランス、ブルターニュからやって来た男たちは、やがて組織網の最初の運動員となった。仲間集めと平行して、ビラを刷ったり、できるかぎりの武器を隠匿《いんとく》したりもした。

一九四〇年の年末、リヨンに赴いたラグノーは、すでにアンリ・フレネと共に活動していたベルティ・アルブレヒトに引き合わされる。かくして、戦いの真っ最中、運命は彼に手招きしたのである。『小さき翼』という控え目ながら使命感も十分表している紙名の新聞を創ったばかりだったフレネが、エリート校である高等商業専門学校出（一九三九期生）のラグノーにそれを任せたのだ。

この最初の経験は、ラグノーにとって決定的なものとなった。というのは、戦後、彼は報道の世界において名を揚げることになるからである。しかしそれについて触れるのは、後《あと》にしよう。

いずれにせよ、以上のような経緯で、彼の組織網『秘密戦線』は『コンバ』に帰属したのであった。その少し前、彼はマルセイユで、マックスと名乗る男と出会っている。ロンドンに向かおうとしていていたその男は、きわめて強烈な印象を彼に与えた。その男こそ、ほかならぬジャン・ムーランその人であった。

生きるため、彼はまず皮革配給事務所の次長、ついでリヨンの国立割引銀行出向管理職員の職に就く。しかし、一九四一年八月十二日に逮捕され、モンリュック要塞に投獄された。

以下のエピソードは、ラグノーの小説『ジュリアン、逆向きの道（Julien ou la route à l'envers）』に記されたものである。著者の人柄を非常によく表していると思うので、ここで紹介しておく。

踊り場に面した彼の玄関の前に、配達人が一山の新聞を置いていった。その上には購読者のリストがのせられている。購読者全員がレジスタンスに関わっていたのは言うまでもない。彼を逮捕するために踏み込んだ警察は、新聞も購読者リストも手に入れたのである。

彼はただただ、レジスタンスの仲間を守りたいという気持ちでいっぱいだった。警部や左派の警視と一晩議論した結果、警視に闘いの必要性を納得させることに成功した。リストはすでに警視庁に渡っていた。そこで彼は警視と取り決めをした。必ず警察署に戻ると約束した上で、手紙を二通書き、それを道行く人に託したのである。

取り決めどおりことは運び、メンバーは誰も逮捕されずにすんだ。

その後のことは容易に察しがつくだろう。戦争、戦争、また戦争である。彼は北アフリカ上陸作戦に加わり、チュニジアでの軍事行動に際してはドイツ戦列で二十一の破壊活動を指揮した。一九四四年六月六日、サン＝マルセルの山岳地帯にパラシュート降下。さらに一九四四年九月七日にはオート＝ヴィエンヌ県セヴォルの山岳地帯にパラシュート降下して負傷した。そして最後は、サン＝ナゼールの孤立陣営で戦っている。

国土解放運動に参加して以来、ジャーナリズムは彼を虜にした。フィリップ・ラグノーは文学者である前に、マスコミ界の人間である。『ラヴニール・ド・ルエスト』の共同創刊者の一人である彼はその編集長を務め、ドゴールの首相時代には、彼の手で報道・広報局長に就けられている。また、『ナシオン』紙を創刊し、フランス・ラジオ放送局で『ジュルナル・パルレ』の責任者ともなった。八面六臂の活躍は枚挙にいとまがなく、フランス第二テレビジョンを創設して制作部長におさまるまで、それは続いた（このような重責は、狂信者や甘き夢想家などに任されたりはしない……）。

マスメディア界における探求と開発で、彼と無関係なものなど一つとしてない。今日なお、彼が『ドゴール主義シンポジウム』事務総長と『フランス通信審議会』事務副局長を兼任しているのも偶然ではない。彼が人生をかけて追い求めている二つの情熱は、かくのごとく結びついているのである。

ああ、忘れるところであった（忘れるにもほどがあるというものだが！）。われらが友は、十八冊の書物を出版し、そのうちの四作品は賞を受けている。

さて、常軌を逸した本書について話そう。本書がしかるべく読まれることを、私は望む。つまり、著者がどんな人柄かいまやおわかりになったであろう読者に、本書に記された真実・苦悩・希望の言葉がどれほど重いものか、ご理解いただきたいのである。

ラグノーには生涯を捧げる上記二つの情熱以外に、それらを凌《しの》ぎ、またそれらを輝かせてもいた三つ目の情熱があった。それは妻カトリーヌ・アングラードへの愛である。彼女は難病といわれる癌に斃《たお》れるのだが、それまでの三十三年間、二人は強く結ばれていた。

「彼女は意志の人であり、勇気の人であり、美の人であり、そして何よりも生の人でありました」葬儀ミサのあと、棺の周りに集まって行なわれる祈りを前にして、祭壇上の彼は妻をそう表現した。私たちは三色旗に包まれた棺のそばで、それぞれに故人の面影をおっていた。笑い、才気、そして当意即妙さが作り出す彼女の面影。あくまでも溌剌《はつらつ》とし、あくまでもまっすぐで、あくまでも美しかったカトリーヌ。完全を求め続けたあくまでも女性らしい女性。そしてどんなときも信頼に足る友人であった。

夕食に招待した日の彼女を思い出す。ブランクール夫妻も同席していた。おそらく彼女が外出したのはそれが最後だったと思う。頬こそ病でこけていたが、背筋をぴんと伸ばした彼女は、その存在感ゆえに輝いていた。彼女にはいかなる悲しみも、悲壮さすら見られず、友情のもたらす素朴で軽やかな幸福感だけがうかがえた。友情とはなんと偉大な感情であろうか。日ごと、私はその思いを強めている。あの夜、私たちは共にいた。そしてそれだけで十分だった。

フィリップとカトリーヌが同じ信念を強く抱き、けっして別れ別れになったりしないと約束しあっていたなどとは誰も知らなかった。二人は、あたかも何もないかのように夕食の席に着いていた。どこか別の場所を見ているように感じられたことをのぞいては（それは私に強い印象を残したのだが）……。私は心の中でひそかに思ったほどだ。「この二人は、同時に同じものを見ているのではないか」と。彼らをよく知っている私には、『同じもの』が何なのか想像できた。つまり、前菜を食べている時にはたとえばアイルランドの風景を、魚料理を食べている時にはたとえばポリネシアの環礁を、そしてデザートの時にはレユニオン島のどこか知らない夢のような場所を、二人は共に見ているのではないかと思ったのだ。意志を疎通させるのに、彼らはもう言葉など必要としていないのではないか。不思議なことに、二人を見れば見るほど、その思いは募った。

これこそ、愛の頂点ではなかろうか？

それからしばらく経ってカトリーヌは亡くなり、私は物事の核心を表すのに、言葉がいかに不十分であるかを知った。つまり、死という裂け目、それに続く静寂、そして不在感、そう、恐ろしいまでに耐え難い不在感を表すのに……。それは魂が焼けつくような痛みだった。

喪の沈黙から脱したフィリップ・ラグノーの手になる本書に対し、私は声にすべき言葉がない。何も口にしてはならない気すらしている。そのような私にかろうじてできるのは、この序文を書いて著者への尊敬と感動の気持ちを表すことだけだ。

『愛は死を超えて』は、実際のところ、特異な経験を詳述したものである。しつこいようだが、それは著者の人格ゆえではない。

カトリーヌはその死を超え、存命中に約束したとおり、フィリップとコミュニケーションをとり続ける。しかし、そんなことがほんとうにありうるのか？　常識では考えられない、人を戸惑わせるような物語。そう、私が文頭で断言したように『常軌を逸した』この物語は、真実だと言えるのか。

それについては、次の三名の言葉に倣《ま》とう。彼らはそれぞれ程度こそ異なるが、常軌を逸するとはどういうことかを語っており、それらは私の耳にこびりついて離れない。一番手のラ・フォンテーヌは「愛のなかではすべてが神秘的だ」としか言っていないが、ラ・ロシュフコーは「常軌を逸した考えを持たないからといって、その者は自分で思っているほど分別があるわけではない」と言っているし、パスカルは「人は必然的に、常軌を逸した者とならざるをえない。なぜなら、たとえ常軌を逸していなくても、常軌を逸している者の目には、常軌を逸しているように見えるからだ」とまで言っている。

これら高邁な先人のあとに続いてここで言いたいのは、もちろん常軌を逸した行動についてではない。そうではなくて、十字架のヨハネが『十字架の愚かさ』（訳注：信仰のない者にとっては、十字架の教えも愚かに見える可能性があるという意味）に言及・援用した際、情熱という言葉に与えた意味と同様のものを、魂や心は重視しがちだと言いたいのである。

祈りに明け暮れる者は常軌を逸しているのだろうか？　全財産を寄付し、神に身を捧げる者は？　修道院で一生を過ごす者は？　見かけなどに惑わされず、見えないものに身を捧げる者は？　愛の神秘に身を捧げる者は？　現世を生きる者の目には常軌を逸しているように映っても、そこには多くの英知が潜んでいる。謙虚さや従順もまた同様である。

謙虚と従順。本物の信者を動かすこの大きな原動力について、いろいろ考えるのはやめよう。なによりもフィリップ・ラグノーその人が、そこへ至る道筋を示してくれているのだから。思うに、明白でありながらもにわかには信じ難い事実を前にして、彼がどんなに抵抗し、自問し、あがいたか、私たちは見るべきだ。この世に出現した目には見えない世界を謙虚かつ従順に受け入れるため、論理的で理性的な人間がどれほどまでに自分を抑《おさ》えなければならなかったかを理解するために。

どうか、涙を怖れないでいただきたい。カトリーヌの死、そして彼女の告白に涙していただきたい。とりわけ、自分たちに起きたことをフィリップに書くよう勧めたときのカトリーヌの言葉、つまり「絶望している人たちに希望を与えるために書くのよ。死は人を永遠にのみ込んでしまう大きくて暗い穴だと考えているような人のために書くの。死は愛し合う者同士を引き裂きはしないってね。再会も、理解し合うことも、話し合うことも、互いに助け合うこともできるって教えるの」という言葉に、涙していただきたい。

流される涙はすべて神聖だ。そして本書を読んで流された悲しみの涙は、やがて喜びの涙へと変わる。愛の力によって。愛という神秘によって。行間から徐々にあふれ出す幸せによって。カトリーヌがほのめかすあの世の真実によって。そして彼女があの世から私たちにもたらす保証によって。

私が言いたいことは、彼女の次の言葉に尽きると思われる。

「人は理解を超えるものや押しつけられたものには、いつだって反抗するものよ。でも理解し、受け入れれば、人は感謝する」と。

理解し受け入れること。それはまさに、『傲慢と抵抗』から、『謙虚と従順』へと導いてくれる道なのだ。それはまた、ほかならぬ愛の道でもある。

アンリ・ボニエ

1部
妻カトリーヌとの最後の一年半

** 1 兆し

「インタビューはどこまで進んだの?」とカトリーヌに聞かれ、はたと思い出した。クリスチャン・ピノー(訳註:『リベラシオン』紙創刊者)と会う約束をもう一度確認しておかねばと。

私はその前年の十二月から、国土解放(リベラシオン)記念館及びジャン=ムーラン記念博物館の館長であるクリスチーヌ・ルヴィス=トゥゼの要請に応えて、一連のインタビュー・フィルムを完全なものとするため、編集作業を行なっていた。それらのフィルムは、パリ・ビデオライブラリーの技術的・財政的支援の下、私が指揮をとって一九八八年に撮影したものだった。国土解放の偉大な立役者たちはいかに活躍したのか。その証が時の流れの中で忘れ去られないよう、記録しておこうと考えたのである。

「もうすぐ終わるよ」

「長さは、全部でどれくらい?」

「うーん……放映すれば九十時間かな。ほっとしたよ。こうして記録さえしておけば、当事者が死んでも、少なくとも一緒に消え失せたりはしないからね。でも、どうしてそんなことを聞くの?」

「そろそろD先生の所に行ったほうがいいんじゃないかと思って。あなた、ずいぶん長い間、行っていないもの。ついでに私も診てもらいたいのよ」

「相変わらず食道が痛むのかい？」

「ええ、ひどく痛むってわけではないんだけれど、それでも気になるから」

一九九二年も終わりに近づいていた。乾いた寒さは緩みそうになく、まだ雪は降っていなかったものの、北から流れてくる低い雲を見れば、そのうち降るのは確実だった。インタビューの大詰めに入り、一日に二つの集中的な対談をこなしていた私はひどく疲れていた。そこでD医師に、ビタミン入りのちょっとした強壮剤でも打ってもらおうと考えた。

私たちは十二月一日の午後六時三十分に、医師を訪ねた。まず私を診察した医師は、血圧がほんのわずか正常値を外れている以外は大丈夫だと告げた。

「で、奥さんのほうはどうなさったのですか？」

「二週間ぐらい前から、時々、喉に焼けつくような痛みを感じるんです」

医師は慎重に聴診し、デスクに戻って、座った。

「痛むのは時々なんですね？　胃液がちょっと食道に逆流しているんですよ。消化力を高めれば治ります。薬を処方しておきましょう。それですべて正常に戻るはずです」

「少なくとも、癌の初期ってことはありませんよね？」

D医師は大声で笑った。

「なんでもすぐに癌なんだから！　それはみなさんの固定観念ですよ」

「探査器具を使った検査は必要ないのでしょうか？　ファイバースコープみたいな？」

「社会保険を破綻させるおつもりですか？」

「先生、私は働き始めてから、もう何百万というお金を社会保険に払ってきたのですよ。病院にあふれている患者の半分だって、私ぐらい払っているかどうか疑問ですわ。私の言っていることをご理解いただけるかどうかは知りませんけれど」

「まあまあ、そんなに怒らないで。一週間後に電話して、体調を知らせてください。でも、十中八九痛みは消えているでしょうけれど」

結果は彼の言うとおりだった。

二ヶ月の間は……。

四月末に再び同じ痛みを感じたカトリーヌは、友人が勧める胃腸専門医の診断を受けようと決心した。

専門医の診断は、私たちをほっとさせた。

「特に夜、痛みを感じるんじゃありませんか？　抱えている問題で頭がいっぱいになり、無力感に陥ったままベッドに入るような時じゃありませんか？　不安になりやすいタイプだということはすぐにわかりました。心配性なんですよね。心因性の病気です。もちろんどんなものか、ご存じだと思いますけれど。朝・昼・晩、交互に服用する薬を書いておきます」

彼は検査などまったく必要ないと断言し、鎮静剤三種類の名前が記されたリストをくれた。

パリのマロニエの木々は春の陽気で芽吹き、柔らかな緑色の霞《かすみ》がかかっているように見えた。空気は娘たちが纏《まと》うドレスのように軽やかだ。どこかへ行きたくなるような気分になった。

アドヴァイザーとして関わっていた調査会社セコディップの案件は結論に向かっており、シャンブルシーにある本社へは、週二度行くだけでよくなっていた。

もうすぐヴァカンスが人々の話題に上り始めるだろう。しかしヴァカンスの前に、『フランス・アンピール』から頼まれた本を一冊仕上げなければならなかった。本には、パリ解放の重要な立会人十五人とのインタビューを収めることになっていた。したがって、インタビューのビデオ・テープを、タイプで少しずつ書き起こしていく作業が必要だった。

アラン・ド・ボワシュー将軍、ロル＝タンギー、レイモン・ドロヌ、ダニエル・メイヤー、シャバン＝デルマス、それにロジェ・ステファンヌがインタビューの相手だ。大変だったのは、彼らの話す内容を歪めずに耳で聞いたまま忠実に書き写すことだった。この素晴らしい構想を編集者に発案したのは共著者であるエディ・フロランタンで、彼自身は対談の歴史的背景を叙述《じょじゅつ》することになっていた。

カトリーヌのほうは、シナリオを見直し、書き加える作業に取り組んでいた。それは、当時流行していたホーム・ドラマのスタイルをとった喜劇シリーズ三部作で、秋シーズン用として番組制作会社にオファーするため、熟練の脚本家たちが書いたものだった。

私たちは、これらの仕事に五月いっぱいかかりっきりだった。

相談の結果、ゴルド（訳註：フランス南部。プロヴァンス地方の村）へ出発するのは、六月十日の朝と決まった。

出発前日、旅行鞄《かばん》を出すと、二匹の猫たちはひどく興奮し始めた。目ざとい彼らは何のための準備で、どこへ行こうとしているのか、しっかり見抜いていた。そのせいで、私たちはずっと猫にまとわりつかれ、邪魔される羽目に陥った。

「ルル、鞄から出なさい！　そんなことしちゃダメ！　ミミ、ドレスの上で寝ないの。おまえが寝ても、アイロン代わりにはならないんだから」

いつもどおり私たちは、あちらで必要となるであろうものの倍にあたるほどの荷物を持って行こうとしていた。「どんなお天気になるかなんて、前もってわからないじゃない。それにみんなみたいに四週間の予定で出かけるのではなく、少なくとも三ヶ月はあちらで過ごすのよ。大切な時間を、洗濯なんかで無駄にしたくないの。わかる？」とカトリーヌは言った。

よく考えてみれば彼女の言うとおりだった。それでもやはり行き帰りの問題は、出発時にいつも悩みの種となった。国鉄の貨車に積み込まなければならないほどの荷物を、いかにしてフォルクスワーゲン・ゴルフに押し込むか。私は解決を迫られる。

すったもんだのあげく、私たちはこれまで同様、平穏無事に目的地へ到着した。

着いた翌々日には、またハンドルを握らなければならなかった。とはいえ、たいした道のりではない。サロン＝ド＝プロヴァンスは、急がずともゴルドから一時間で行ける距離だからだ。私は、そこで二日間にわたって開かれるブック・フェアに出席する約束をしていた。一晩ホテルに泊まるか否かは各人の自由で、私は泊まろうと決めていた。当然、カトリーヌも同行した。彼女は夜、大切な猫たちの面倒を見るために家へ戻り、翌日、再び私と合流した。

私の役割は、販売する本にサインすることだ。しかしそれだけでなく、このフェアは、当地の文学関係イベントで毎年顔をあわせるような古い仲間との再会の場でもある。したがって、私にとっては心底楽しめる催し物なのだ。

喜ばしき再会は、小さな町の最良の居酒屋で祝われる。私たちには気に入りの店が二つあり、そこでまた一緒に飲むのは本当に愉快だった。しかしこの楽しさは一つだけ問題を引き起こした。多分、サインしていた時に並木道で風に吹かれたせいだと思うが、厄介な風邪にかかってしまったのだ。

そういう場合にありがちな気管支炎を恐れたカトリーヌは、ニヴィエール医師に電話して、診察の予約をしてくれた。ニヴィエール医師は私たちが世話になっている開業医で、グル近くのリュミエールで診療所を開いていた。

彼は、今どきほとんどお目にかかれないようなタイプの医師である。診察は徹底的で、曖昧なところなど微塵もなかったし、その博識さ加減といったら百科事典並だ。診断における腕の冴えは、ヴォークリューズのみならず広く知れ渡っている。私たちは彼に、信頼だけでなく友情も寄せていた。

診療所へ行ったのは、六月二十一日の午後六時三十分だった。彼は私を診察し、早期回復に必要なものを処方してくれた。

「奥さんのほうは、いかがですか?」

「元気は元気なんですけれど、時々、食道のあたりがちょっと痛むんです。消えたと思えばまた痛むというふうに」

「どんな痛みなんですか?　いつからそんなふうなんでしょうか?」

彼女は詳しく告げた。

ニヴィエール医師は彼女を注意深く調べ、別の医師に短い電話をした。そして受話器をおくと、

「アヴィニョンのドラヴェ医師に診察の予約を入れました。二十四日の午前九時半です。ファイバースコープで検査してくれるでしょう」

と言った。

「あなたのお考えでは……」

「私は何も考えていません。ただ知りたいだけです。それに、この検査はもっと前に受けておくべきだったんですよ」

三日後、言われたとおりの時間に、アヴィニョンの城壁の外にある、スルス診療所へ出向いた。

十時四十五分になっても、まだ呼ばれなかった。カトリーヌは待つのが嫌いだ。九時半と言われたなら、九時半なのだ。それ以外は問題外だ。彼女はびっくり箱の人形のようにぴょんと椅子

から立ち上がった。

「行きましょう！　こんなふうに無視されるのなんていやだわ」

「ちょっと待てよ。もう来てるんだし、車は日陰にとめてあるし、特にしなければならないことがあるわけでもないじゃないか。ニヴィエールは大切な検査だって言ってるんだよ。どうなっているのか聞いてみて、もう少し待ってみようよ」

「そうしたいならお一人でどうぞ、困ったちゃん。私は行きますから」（カトリーヌはしょっちゅう私を『困ったちゃん』と呼んだ。彼女が言うには、いつも気がかりな私は、彼女にとって最も大きな心配の種なのだそうだ。しかしあの時、心配の種である『困ったちゃん』は、私ではなかったのだが……）

そう話している時、ドラヴェ医師が待合室のドアを開けた。

「すみません、お待たせして。機械が故障していたんです。でも今、直りました。こちらにいらしてください」

ファイバースコープ検査はつらいとまでは言えなくとも（私もかつて一度受けた経験がある）、愉快な代物《しろもの》でもない。先端に超小型カメラのついた管を口から通し、検査すべき器官を詳しく調べるのである。ドラヴェ医師が技師に、「下げて……もっと下……上げて……もう一度下げて……もっと……もっと……もう一度上げて……ストップ！」と指示している間、私は一部始終をチェック用の画面で追っていた。

画面を見る限り、ほんのわずか腫れていると思われる部分に、長さ二センチぐらいのはっきりした赤斑が認められた。

医師はファイバースコープをはずすと、言った。

「噴門付近の組織を三箇所採取しました。それを衛生研究所に送って分析してもらいます。結果がでたら、ニヴィエール宛に送ります。検査にいらして、本当によかったですよ」

その翌々日、私たちはニヴィエール医師から呼び出された。

「放っておくと癌になるかもしれない小さな潰瘍が、噴門のあたりにあります。今のところ厄介なものとも思えないのですが、いずれにせよそのままにしておくわけにはいきませんから、手術の必要があります。モンペリエに外科の名手がいます。手術してくれるよう、彼に電話してみましょう」

帰り道、カトリーヌは言った。

「まずダッツァに電話して、意見を聞いてみるわ」

どこが悪かったのか思い出せないのだが、カトリーヌはダッツァという外科医の診察を何ヶ月か前に受けていた。カトリーヌは国立高等演劇学校を卒業して女優になり、さらにはテレビのプロデューサーとなったのだが、その前は麻酔医をしており、話しているうちに、二人には共通の友人が複数いると判明した。二人は少しずつ親しくなり、私もダッツァと知り合い、そして結局、私たちは友人となった。

話を聞かされたフランソワ・ダッツァは、電話の向こうでワハハと笑った。

「ねえ、カトリーヌ、ぼくはその手の手術なんか毎日しているんですよ。日に何度もすることだってあります。ぼくの専門分野ですからね」

「じゃあ、あなたに手術していただくわ」

「わかりました。45—67—55—65に電話して、秘書のジョジアーヌに連絡をとってください。手術の日取りは彼女と相談して決めてくださいね」

カトリーヌはその場でジョジアーヌに電話し、手術は七月七日に決まった。

彼女は、ファックスで友人のクリスチアン・ロジエにも、二十五日に受け取った病理解剖学・細胞学研究所の報告書を送った。以下、報告書の結果を書き写しておく。

「噴門と食道の結合部位に、遺伝子細胞核障害を起こした乳頭状ジストロフィの病巣があり、深刻な形成異常症状を呈していると思われる。分裂指数は、三個の採取組織すべてにおいて弱い。見たところ、いかなる浸潤性も明らかではないが、あらゆる可能性を排除するためには、さらに新たなる一連の組織採取が望ましい」

七月七日は迫っていた。無駄にできる時間などなかった。

「パリにはそんなに長くいるわけじゃないから、必要なものだけを持って行きましょう」とカトリーヌは言った。

「猫たちはどうしようか？」

「連れて行きましょう。車の中でおとなしくしているかどうかには、この際目をつぶって。だいいち、ここにおいておくとして、いったい誰が世話をするのよ?」

「リヴォーさんに頼めば?」

「こんな煩わしいことなんて押しつけられないわ」

現実を知らないいたずら猫たちは、現実とは対照的な自分たちの状況に大満足していたので、バスケットにもう一度入るよう説得するのはなかなか大変だった。しかし少々力ずくではあったが、結局、七月三日、ゴルフをパリへと向かわせることに成功した。問題は何もなかった。猫たちがにゃあにゃあと不満の声を上げている以外は。

交通渋滞や車の排気ガスに満ちた灰色のパリへと逆戻りさせられるのは、私たちにしても猫たち以上に気が進まなかった。プロヴァンスでの暮らしは、本当に最高なのだから。ヴォークリューズ山脈にあるプロヴァンスの家にいれば、気持ちのいいプールにすぐさま飛び込め、あたりに漂うタイムやラヴェンダーの良い香りを鼻いっぱいに吸い込める。日差しの強さにぐったりした林では鋸を挽くような蝉の声がし、下草の生い茂る森では鳥たちが騒がしく歌い、近所には多くの良き友がいる……。しかし、つまるところ二週間ほどの辛抱だ。なんといってもありふれた手術なのだから……。できうる限り早く戻ろう。

フランソワ・ダッツァはカトリーヌに、ウディノ診療所かサン＝ジョゼフ病院のどちらかを選ぶようにと言った(彼はその二箇所で手術を行なっていた)。快適さから言えば、ウディノのほうが上だと思われた。しかし、サン＝ジョゼフ病院のほうが病院設備はより整っている。カトリーヌはサン＝ジョゼフ病院を選び、七月六日の昼前に入院した。

パリの多くの大病院同様、サン＝ジョゼフ病院もまるで小さな町だった。石の敷きつめられた中庭や、手入れの行き届いた庭、そして薄暗い小路、さらには迷路のように入り組んだタイル張りの廊下もあった。礼拝堂は村の教会ほどの大きさがあり、ここがもとは宗教的な目的で建てられたことを示していた。しかし、白い頭巾を被《かぶ》り、両手を袖の中に隠した修道女が壁に沿って滑るように歩く姿はもはや見られなかった。とはいえ、サン＝ジョゼフ病院は公立化されてはいず、そのため家庭的な雰囲気と、選び抜かれた看護師が醸し出す洗練された雰囲気を保ち続けていた。

カトリーヌはノートル・ダム翼棟の一階二十九号室に入った。窓を開けると、前庭のこんもり茂った木々が目に入った。部屋は広くて明るく、テーブルと肘掛け椅子があり、トイレもついていた。

「とっても気持ちのいい部屋ね」と、ベッドの中からカトリーヌは言った。その日は、どんな手術の場合でも事前に実施されるという検査にあてられていた。彼女は、積極的な態度でそれに臨んだ。その夜、私はさほどの心配もなく彼女と別れて、猫たちの待っているヴィルアルドゥアン通りの我が家へ帰った。

翌日の朝早く、私は病院の駐車場に車をとめた。手術を終えたカトリーヌを、どうしても病室で迎えたかったからだ。

窓のそばに座って、時がうんざりするほどゆっくり流れるのを待った。

正午ごろ、彼女はようやく移動ベッドで部屋に帰ってきたが、麻酔のため、まだ意識は戻っていなかった（覚醒用の部屋にはあまり長くいなかったのだ）。ダッツァが彼女に続いて現れた。彼は微笑み、握手を求めてきた。

「首尾は上々です。でも、食道をかなり切除したうえ、胃を完全に切除しなければならなかったので、慎重を要しました。胃は危険な状態でしたからね」

「胃を全部取ってしまったのですか？」

「ええ、そうです。実際のところ、腫瘍はもう完全な癌になっていたのです。そうなると広がるのはあっという間ですから。でもご安心ください。自然界というのは可能性に満ちているんですよ。食道の残った部分に、だんだん袋が形成されるはずです。この第二の胃は小さくて、確かに機能性も低いです。でも、そのうち、申し分ない働きをするようになるでしょう」

午後、様子をみるため再びやってきたダッツァは、カトリーヌにも同じ話をした。彼女は、何事も隠さないようにと主張していたからだ。それでもやはり、心配そうにつぶやいた。

「前みたいに食べられるようになるのかしら？」

「もちろん。それもすぐそうなるはずです。最初は言うまでもなく、やわらかくて食べやすい食事が必要ですし、ほんのわずかずつ口にしなければなりません。でも半年以内に、シュークルートを問題なく平らげられるようになるでしょう。これはけっこうありふれた手術なんですよ」

彼が部屋を出ていくと、カトリーヌは意見を述べ始めた。

「ニヴィエール先生に感謝するわ……。私に起きたことは決して愉快とはいえないけれど、それでもこうして呼吸だけはしている。馬鹿の言うとおりにしていたら、半年後にはどうなったかわからないわよね」（彼女がどの馬鹿を指しているのかは、言うまでもなかった）

午後六時に、食器のぶつかり合う音をさせて、ワゴンを押した雑役係の若い女性がドアを開けた。彼女は入り口から陽気な声を投げかけた。

「アングラードさん、お夕食ですよ」と。

私は、カトリーヌが枕に寄りかかれるよう助け起こした。彼女は料理を見た。そして言った。

「これはいったい何なの？」

皿には、一見してナイフを入れるのも困難だとわかるような焼き過ぎたポークの骨付きロースがどっかりのっており、脂っぽいソースに浸された芽キャベツが添えられていた。

カトリーヌも私も、驚きのあまり目をむいて尋ねた。

「こんなものが、今朝、胃切除したばかりの患者用の食事と言えるんですか？」

サン＝ジョゼフ病院では、物事すべてが完璧に運んでいるように見えたが、食事だけはまったく別問題だった。少なく見積もっても、なにかしら連携の悪さが感じられた。たとえそれがわずかなものであったとしても。

夜、家に戻ってから、ニヴィエール医師に報告の電話をかけた。彼は、私の話を聞いてほっとしたようだった。

「胃切除は賢明な措置でしたよ。担当医は、私が望んでいたとおりにしてくれたようですね。ゴルドには戻るおつもりですか？」

「はい、できるだけ早く」

「戻られたら、診せに来てください。用心し続けなければなりませんからね」

その夜、私はあまりよく眠れなかった。

胃のすぐそばに悪性腫瘍があれば、転移を未然に防ぐため、胃を大きく切り取るかもしれないし、場合によっては大々的な切除だってするだろう。もちろん、私にもそれは理解できる。しかし、だからといって、全部取ってしまうなんて……。ダッツァは私たちに、なにもかも包み隠さず話しているのだろうか？　すでに胃も癌に侵されていたのではなかろうか？　勘の鋭いニヴィエール自身、癌がファイバースコープの示している以上に進行していると感じていたのではないか？

私は午前四時に精神安定剤を二錠飲み、浅い眠りに落ちた。

翌日は、サン＝ジョゼフ病院の正面入り口に近いスイス通りに駐車した。結局そのほうが、医師専用ではない駐車場所を探して迷路のような病院内の道をさまようより、よほど簡単だったからだ。

カトリーヌも、鎮痛剤を飲んだにもかかわらず、よく眠れなかったようだった。

原則として、午前中の面会は許されていなかったが、ダッツァが指示しておいてくれたのか、誰からも早過ぎる来訪を注意されることはなく、看護師たちとは顔見知りになりさえした。

カトリーヌは看護師たちに好感を持っていた。実際、彼女たちからは、有能さや配慮、そして温かな心づかいが感じられた。パリのたいていの病院には人間味に欠ける雰囲気がしみついている。しかし、ここは違った。看護師のクリスチアーヌは、「看護師の人数がけっこう多いので、患者さんのお世話をきちんとする余裕があるんです」と打ち明けてくれた。

カトリーヌはずっと眠り、ほとんど口を開かなかった。それでも私は、一日中彼女のそばを離れなかった。彼女が新たなまどろみに落ちると、私は時折、新鮮な空気を吸うため、すぐそばにある屋根つきの回廊に出た。礼拝堂へと続くその回廊には、新聞や飲み物やキャンデーなどを売っている店があった。私はテラス席に座ると、ミルクコーヒーを前にして、パイプを取り出した。そして、こわがりもせずテーブルの間で餌をついばんでいる雀たちにクロワッサンをちぎってやった。

夕方になると、カトリーヌの調子は良くなってきたように見えた。しかし私は、どんなものが夕食として運ばれるのか、見てから帰りたいと思っていた。昨夜の文句は実を結んだようで、野菜のピュレと果物のコンポートが供された。彼女はいやとは言わなかったものの、やはり食べることはできなかった。ピュレは冷めていたし、コンポートは冷た過ぎた。私は、食事をよりよくするため、外で何か調達してこようと心に決めた。

翌朝、カトリーヌのところへ行く前に、病院近辺を探ってみた。アレジア通りがレイモン＝ロスラン通りと交差するあたりに、おいしそうなものを並べている総菜屋があった。そこで買い物をし、得意満面で妻に収穫物を差し出した。彼女はそれで昼食をすませた。

「どう考えても、こっちのほうがおいしいわ！　ありがとう」と言いながら。

四日目には面会が許された。カトリーヌは電話を手にすると、すぐさま最も親しい友人たちに連絡を取り始めた。しかし私は、一日に二人を超える見舞い客が来ないよう注意した。疲れ過ぎを心配したからだ。

日ごとに、彼女は目覚しく回復していった。食事のバラエティーを豊かにするため、私はフォションを御用達リストに加えた。マドレーヌ広場に寄り道しなければならなくなったが、質と種類はぐっと豊かになり、美食の配達が可能になった。

ダッツァも満足そうに言った。

「驚くべき回復力ですね。こんな患者さんは初めてです。この調子でいけば十日以内に退院できるでしょう」

彼女の回復は、心境と大いに関係があった。彼女も私も悪夢から覚め、再び人生に力いっぱいがっちり取り組もうという気になっていた。七月二十八日、主任看護師のロスコフさんが満面の笑みを浮かべて、こう告げた。

「アングラードさん、明後日、退院ですよ。体調のほうは大丈夫ですね？」

「もちろんですわ！」と、カトリーヌは叫んだ。

こうして三十日、私はカトリーヌと共に、これで最後となるサン＝ジョゼフ病院から我が家への道のりをたどった。

なんと素晴らしい帰り道だっただろう……。降りそそぐ太陽の光は、建物の外壁をキラキラ輝かせていた。通りを横切る通行人たちは、まるで私たちの心を知っているかのように微笑みかけてくれた。生い茂った木々の葉陰で、雀たちが追いかけごっこをしている。花屋の店先では、花束が歩道に彩《いろど》りを添えていた。カトリーヌは幸せそうで、何を見ても喜んでいた。

我が家に入るや否や、彼女は猫たちに走り寄った。猫には時間の観念がない。彼らにとって、カトリーヌは昨夜出かけたも同然だ。だから愛情のこもった愛想の良い歓迎ぶりを示しはしたが、それはいつもと同じであり、それ以上でもそれ以下でもなかった。

「我が家だと気分がいいわね！」と、彼女はソファにどさりと腰を下ろしながら声を上げた。

「それでもやはり、大事にしないとね。数日分の買い物はしてあるんだ。食事はぼくが作るから、きみは休んでいるといいよ」

「でも、クマきちくん、気分はすごくいいのよ！」（クマきちという変な呼び方も、彼女が私につけたものだった）

いくつかののみがたいものは別として、結局は彼女の言いなりにならざるを得なかった。ヴォークリューズの隠れ家にいつ戻るかについても、検討が始まった。

友人たちが、また我が家を訪れるようになった。おそらく少しやせたとは思ったはずだが、前と変わらぬカトリーヌのエネルギッシュさを目にして、ほっとしているようだった。カトリーヌの全快を願う彼らは、リビングルームの低いテーブルに、選りすぐりの小さなプレゼントをそっと置いてくれた。そして私たちはあふれるばかりの幸せを目いっぱいにたたえ、お互いに抱き合うのだった。八月四日の朝、カトリーヌは長い間握らなかったハンドルを手にし、国道Ａ４号線へと車を向けた。

私たちは再出発点に立っていた。悪夢は忘れ去られ、人生が再び回り始めた。

＊＊2　不安

　私たち二人と二匹は、人里離れたリュベロンの心地よさにまたひたれる幸せを感じていた。親切なミレイユは、私たちの到着前日に、二十一ある窓のガラスを拭き、すべての部屋に掃除機をかけ、リビングルームの低いテーブルに野の花の大きな花束をセンスよく飾っておいてくれた。テラスの肘掛け椅子は「座って物思いに耽《ふけ》りなさい」と誘っていたし、プールの温度計は理想的な水温を示していた。猫たちはあふれるほどの自由に身を任せていた。人生は美しかった。

　カトリーヌは行動計画を私に告げた。

「まず裏の土止め壁に取りかかるわ。あと六メートル分やればいいだけだから。今年の夏、ロックガーデンを作るのなら、絶対に土止め壁は仕上げなきゃ」

「ぼくも手伝うよ。あの壁の高さは二メートル半近いからね」

「オーケー。でも、やっつけ仕事はしないわよ」

　我が家の地所は、オート＝プロヴァンス地方でレスタンクと呼ばれているやわらかい上質の土壌からなる盛り土でできている。それを支え、かつ境界ともなる低い塀を石だけで積み上げた際、作業の速度は疑いもなく私のほうが速かった。

　しかし彼女は、「土台になる小さな切石を十分深く土に埋めなかった」とか、「石塀の傾斜がゆる過ぎる」とか、「スイスの時計職人のような正確さで石を揃えなければならないのに、そこにある石を手当たり次第積んでいる」などと言って、私を非難した。それらの非難すべてが間違っているというわけではなかった。しかし私も、「積み上げがあまりにものろくて丹念過ぎる」とか、「隙間に詰める砂利選びにも小うるさく注意を払っている」とか言って彼女をからかった。かくして我々二人は、一人の不足をもう一人の過剰が補う、素晴らしい石積みチームを作り上げた。気候も気分もおあつらえ向きだったので、私たちは三日間にわたり、戸外で激しい作業に打ち込んだ。

四日目、目覚めたカトリーヌは具合が良くなかった。大変な庭仕事をしているにもかかわらず、彼女はほんのわずかしか食べ物を口にしていなかった。重労働に見合うだけの栄養が摂《と》れていないのだろうと、私は判断した。食べやすくて食欲をそそるような献立を考えても、飲み込めるのはほんの二口三口だけで、すぐさま皿を押しやっては、「もう、おなかいっぱい」といつも言っていたからだ。

気力も、少し低下しているようだった。そしてだんだん昼寝の回数が多くなっていった。時には部屋でも休んだが、たいていはプールサイドのマットレスに横たわっていた。日差しが弱まり、丘の影が庭木にまで伸びる夕方にならないと、石塀造りの作業はしなくなった。

八日、ロジエ夫妻が昼食に招いてくれた。

私たちは彼らが大好きだった。彼らと共に過ごす素敵な時間は、カトリーヌにとっていつも大きな喜びだった（我が家は、丘の斜面に広がる三ヘクタールの森林地にあり、アプトからオペードゥ＝ル＝ヴィウーに至るリュベロン山脈が一望できる。この素晴らしい土地をみつけ、私たちに売ってくれたのは、不動産業を営んでいるクリスチャン・ロジエだった）。

夫人のアニーは、私たちのために心をこめ、帆立貝のプロヴァンス風を作ってくれた。カトリーヌがおいしそうにたくさん食べるのを見て、私は喜んだ。しかしその一時間後、カトリーヌは我慢できなくなったのか、「おなかがもたれているみたい」と打ち明けた。アニーはカトリーヌを、芝生の大きな笠松の影にある長椅子に横たわらせた。

「飲み込んだとたんにつまったの。まるで食道のどこかが縫い合わされているみたいな感じだったわ。そうでなければ、ものすごく狭くなっているか……」と、カトリーヌはアニーに説明した。

「初めはそれで普通なんじゃないかしら？　手術したばかりだし……。胃がなくなったということは、消化液も出ていないわけでしょう？」

「そうね。でも、小さなふくらみができて胃の代わりになるはずなのに、いつまでたってもできないの。いまいましいわ！」

その二日後、私たちは、近くに住むリヴォー夫妻が開いた祝宴に加わった。彼らの結婚記念日を祝うため、多くの友人が招待されていた。温かな雰囲気に包まれ、カトリーヌもくつろいで快活にふるまっていた。しかし、ニコル夫人お得意の美味しい食事には、ほんのちょっと口をつけただけだった。

翌日、近くを通りかかった友人のローザンシェ一家が突然やってきて、私たちを喜ばせてくれた。彼らとは、もうずいぶん長い間会っていなかった。カトリーヌを見る彼らの表情から、私は彼女がどんなに面変わりしてしまったかを知った。毎日見ている私は、変化に気づかなかったのである。

確かに、その日は朝からすべてがおかしかった。モーニング・コーヒーも飲めなかったし、昼にはほんの少しだけ口にした紅茶をすぐ吐《もど》してしまった。そんなふうだったので、ニヴィエール医師に、その日の夕刻に診察を頼むことにした。

カトリーヌは私に懇願した。「あまり晩《おそ》くならないようにしてね。ジャン・アマドゥーは私たちに会うため、わざわざ回り道してくれるのよ。『エルブ・ブランシュ』で一緒に夕食をとる約束、忘れないで」と（ジャン・アマドゥーは長年にわたって、ジャック・マイオーやジャン・ベルトと共に、エンターテイメント番組制作の中心的人物であった。彼らと一緒に作った『まじめはダメよ』や『冗談じゃない！』等々の番組によって、カトリーヌは名を揚げたのである。その後も、私たちはずっと非常に親しい間柄だった）。

午後七時きっかりに、私はゴルフを診療所の砂利の敷かれた前庭にとめた。医師はすぐに現れた。

「どうされましたか？」

「よくわからないけれど、今朝から身体が空っぽになりそうな具合なんです。もうへとへとです」

医師は、恥ずかしがらずに詳しくはっきり症状を告げるようにと言い、服を脱がせて聴診すると、再び椅子に腰掛けた。

「今夜、アプト医療センターに入院していただきます」と、彼は言った。

そして医療センターに電話すると、部屋をおさえた。

カトリーヌは抵抗した。

「先生、今夜はだめです！　明日にしてください。ジャン・アマドゥーが『エルブ・ブランシュ・ホテル』で、一緒に食事しようと待っているんです。彼は私たちと会うためだけに、わざわざ回り道をしてくれたんです。すっぽかすなんてできません」

「残念ですが、今夜入院していただきます。それもできるだけ早く」

私はニヴィエールの決断に一も二もなく賛成し、一緒になって説得した。

「一番大切なのは、どこが悪いのか早く見つけることだよ。ジャンには電話しよう。彼ならきっとわかってくれるから」

よほど気分が悪かったに違いない。苦痛ゆえに折れるなど、いつもの彼女なら絶対にありえないのに、結局我々の意見を受け入れた。

私たちは家へ戻ると、大急ぎで必要最小限のものを小さな鞄に詰め、九時にアプト病院へ着いた。病院ではすでに受け入れ態勢が整っていた。彼女は部屋に通されるや否や、ロジェ医師の手に委《ゆだ》ねられた。

「あなたは戻って。もうこれ以上、何もすることはないから。明日の朝、また来てちょうだい」

私は言われたとおりにした。

翌朝十時ごろ病院に着いた私は、恐怖の光景を目にした。看護師たちが何人も大慌てで部屋を出入りしていた。空の洗面器を持って入る者がいれば、満杯になった洗面器を持って出てくる者もいる。前日自分でも言っていたが、文字どおり身体がすっかり空になり、筆舌に尽くしがたい苦痛の中に彼女はいた。

看護師たちは口々に言い合っていた。

「アンリエット、シーツを換えてちょうだい！」

「頭をささえて！」

「ルネ、ドアを開けておいて！　時間がないのよ」

インターンがT字型の支柱を押しながら部屋に入ってきて、言った。「点滴をします。じゃないと完全な脱水症状になりますからね」と。

私はその階の詰め所に走っていった。ロジェ医師ともう一人別の医師、そして主任看護師が話し合っていた。私を見ると、ロジェ医師は彼らとの話をやめ、こう言った。

「一晩中こんなふうでした。なぜなのか私たちにもわかりません。早朝に緊急で分析してもらったのですが、衛生研究所でも何も見つかりませんでした。つまり、判断材料が何もないのです。消化器系の専門家がもうすぐ来ることになっています」

もちろん私はカトリーヌのそばについていようと決心した。血の気の失せた顔は枕と同じくらい白く、目はすっかり落ち窪んでいた……。

「痛い……。痛い……」と、彼女はうめいていた。鎮痛剤と抗生物質が血清の点滴に加えられた。しかし何をもってしても、身体からあふれ出すものは止められないように思われた。

午後四時ごろ、私は耐えられなくなって、主任看護師を探しに行った。

「お願いですから、何かしてください！　なんとかできないんですか？　このまま見殺しにするつもりですか？」

「ちゃんとお世話していますよ。そんなに大声を上げないでください。奥さんの状態がどうなっているのかわからないのです。できることはすべてしています。なんとかして状態を知ろうと最善を尽くしているのです」

「じゃあ、早くどうなっているのか調べてください。私は彼女が死ぬのを、腕をこまぬいて見ているなんてできません！」

午後八時ごろ、彼女の身体から採取されたサンプルが、パリのパストゥール研究所に空輸されたと知った。もうしてやれることは何もなかった。彼女は鎮静剤を注射された後、つらそうな浅い眠りに落ちた。私は心配に打ちひしがれ、一睡もできそうになかった。しかし私にできるのは、彼女をそっとしておくことだけだった。

パストゥール研究所からの返事は、翌日の午前十一時、ファックスで届いた。それには次のように記されていた。「コレラ菌が検出されました。治療法は以下のとおりです……」

なんと彼女はコレラだったのだ！

しかし、いったいどこでかかったのだろうか？

診断ととるべき手立てを得た病院は、すぐさま有効な処置を行なった。数時間後にはわずかながら回復の兆しも見られるようになった。

しかしコレラは、一日で治りはしない。彼女にも普通の人のように胃があれば適切な食事療法がとれ、それによって早期回復も可能だっただろう……。しかし口にできるのは、ポタージュ、野菜の裏ごし、果物のシロップ煮ぐらいだった。

そのため、さらにいくつかの薬剤が点滴に加えられた。できることといえば、それだけだった。

ゴルドの友人たちは何が起きたかを知って、立ち上がってくれた。病院は市当局の管理下にあるので、友人のジャニーヌ・ルヴェルがジョルジュ・サントニに話してくれた。かつて市長兼国会議員をしていたサントニは、裁判所と市当局、つまり後継市長や関係行政部門に顔が利いた。大切な人が陥っているこの特異なケースに細心の注意が払われるよう、連携態勢がとられた。

カトリーヌは四日後、嘔吐を伴う一種の昏睡状態からようやく抜け出した。

十キロ痩せた彼女は、十歳年取ったように見えた。とはいえ、パストゥール研究所が命じた治療法はついに功を奏したのである。

ジョルジュ・サントニが見舞いに現れ、ずっと状態を知らせていたニヴィエールも姿を見せた。

「最初の二十四時間ぐらいは、死ぬかもしれないと思っていました」と、彼は私に打ち明けた。私はサン＝ジョゼフ病院に電話して、カトリーヌが使っていた部屋に、それ以前、外国の人が入っていなかったかどうか聞いてみた。しかし、看護師たちは憶えていないと言った。

アニー・ロジエを皮切りに、友人たちがプレゼントや花を抱えて次々と見舞いにやってきた。悪夢は終わろうとしていた。

パリで入院した時と同じように、私の生活は病院中心に回っていた。毎朝、餌を与えてから猫たちを外へ出し、ゴルフに乗り込む。ゴルドを抜け、長いつづら折りの道をさらに下って国道D一〇二号線に入ると、ルシヨン方向にハンドルをとり、アプトへ向かうのだ。車は病院の広い駐車場にとめた。運のよい時には、日陰に空いた場所がみつかった。病室へ向かう間、前日より悪くなっているのではないかといつも心配でどきどきした。

病室に二つある窓の外には田園風景が広がっていた。日当たりがとてもよく、午後には日よけを下ろさなければならないほどだった。私は彼女のそばの椅子に腰掛け、おしゃべりした。猫たちのこと、友人たちのこと、家のことなど、思いつくままに。

「どんなに辛かったかあなたにはわからないでしょうね。死ぬほど苦しかったのよ。私は辛抱強いほうなのに。そのうえ、こんなに衰《おとろ》えちゃって滅茶苦茶だし、ものすごく恥ずかしい目にもあったのよ！」

彼女は少しずつ回復していった。相変わらずの問題は食事だった。ここの病院食はずいぶんと良質だったが、それでも、パリと同様、街で手に入れたものでお決まりの献立に変化をつけ、グレードアップさせた。

八月十五日、ずいぶん前から予定されていたとおり、ニニ・モローとロジェ・コラルが車でやってきた。彼らの来訪は、誰かがそばにいる心温かさをもたらしただけでなく、孤独そのものにも終止符を打った。しかもニニは家事、とりわけ料理を分担してくれた。言うまでもなく、彼らはすぐさまアプト医療センター十二号室に直行した。カトリーヌにとって、それは灰色の日々にさす一条の光であった。

カトリーヌの体重は少しだけ増え、暗かった気力がバラ色へと変っていった。退院の可能性も、遠くではあるが見えてきた。

結局、彼女は九月六日に退院した。病院を去る前、私は病院の医師と看護師に感謝の念を伝えた。

いつも不安を感じつつ通っていた道筋を、もう辿《たど》らなくてもいいのだと思いながら家路につくのは、なんと幸せなことだろう！　苦しみと恐れに満ちた暗黒の日々を置き去りにし、私の『困ったちゃん』を横に乗せて、猫たちの待つ我が家へと車を走らせるのは、なんと幸せなことだろう！

不幸せな日々は忘れられ、新しい生活が始まる。人生はこの上もなく美しく思われた。

＊＊　3　ひとときの希望

ニニ、ロジェ、カトリーヌそして私は、テラスでランチをとっていた。ミミとルルも一緒だったと付け加えねばならない。二匹は私たちの足下で、ずっと海老や鶏のささ身をねだり続けていたのだから。

「二匹ともお行儀が悪くって」と、カトリーヌは友人たちに言い訳した。（そして私のほうを向いて言った）「責任は、私よりあなたにあるのよ、フィリップ。いつもこの子たちのわがままを聞いてしまうんだから！」

それに対する反論などまったくない。しかし、あの不安の数週間、猫たちの存在によって、私はどんなに慰められ、どれだけ気晴らしでき、心動かされたことだろう。それゆえ、『あどけなさと善良さの躾』という古き良き規則は、いささかなおざりになってしまっていた。本当のところ、カトリーヌも事情は十分に承知して、私を許してくれてはいたのである。

晴天が続きそうな気配だった。私たちの気分も同様だった。良き友と共に過ごす以上に素晴らしいことなどあるだろうか？

カトリーヌは少しずつ元気を取り戻していた。

ゴルドの友人たちはそれを知って、喜んでくれた。あまりにも多くの招待を受けたため、そのうちからいくつかを選び、時間の割り振りをし、身体が疲れないよう考慮しなければならないほどだった。カトリーヌは誰からも好かれていた。彼女は、皆を楽しませ、感動させ、驚かせ、笑わせ、関心を惹《ひ》き、そして気がかりにさせていた。今度こそ窮地を脱するよう、誰もが望んでいた。

私たちも、そのためなら何でもした。骨身を惜しまず世話をし、気晴らしをさせ、アドヴァイスした。ニニと私は、カトリーヌの好みとわずかな食欲に合う献立を考えた。ニニは時に、条件ぴったりの食事を作った。その時の喜びと言ったら……!

しかし悲しいかな、そのような状態は長続きしなかった。カトリーヌがひどい真菌症になってしまったのだ。真菌症というのは、極微の真菌類が体内に侵入してかかる実に厄介な病気である。口も喉の奥も食道も、すっかり真菌類におおわれてしまった。そのせいで、食べ物を口にするのはさらに難しくなった。

アプト医療センターでは、知らせを受けたロジェ医師が私たちを待っていた。治療法は古くから伝わるもので、抗真菌薬を大量に摂取するのである。ひどい気分になるが、我慢するほかない。カトリーヌは冷静に、どろりとした黄色い泥のような薬をすべて飲み込んだ。

ニニとロジェがパリに戻ると、そのあとを引き継ぐようにクロード・シルヴァンがやってきた。気分転換にはおあつらえ向きの来訪だった。彼女は、リュベロンを案内してもらうつもりでやってきたからだ。私たちはずっと以前から、耳にたこができるほどその素晴らしさを繰り返してきたのである。真菌症も回復の兆しを見せていたので、私たちはクロードを、ルシヨンからリール＝シュール＝ラ＝ソルグへ、メネルブからキュキュロンへ、フォンテーヌ＝ド＝ヴォークリューズからカルパントラへと案内した。

クロード・シルヴァンはカトリーヌの最年長の友人である。四十年前に知り合った二人は、それ以来ずっと途切れることなくつきあい続けている。彼女たちほど似ていない友人同士も珍しいだろう。趣味も関心も考えも生き方もまったく異なっていた。それにもかかわらず、あるいはそれゆえに、二人は非常に馬が合い、互いに強い愛情を持ち続けていた。私たちはどんなに素晴らしい思い出を共有していたことか！　とりわけパシー（パリ16区の高級住宅地）にある彼女の美しい屋敷では、数えきれないほどの楽しい週末を過ごした。私たちはフランシスやクロードと共に、機知に富んだ会話を山ほどしたものだった。カトリーヌが猫好きになったのもパシーでだった。すべて、フランシスとクロードの風変わりな愛猫『ズズ夫人』の魅力のせいである。ズズ夫人は、ハシバミの木陰に座っているカトリーヌの膝にずっとのっていた。それらすべては遠い昔のことのようにも、つい昨日のことのようにも思われる。

クロードが来てくれ、さらにはカトリーヌの体調もわずかながら元に戻ってきたので、一日一日と延ばし続けていたパリへの短い旅を決行することにした。私は友人である元国民議会議員のギィ・サバティエと共同で、『ドゴール主義事典』を執筆しようと企画していた。それはドゴールの偉業を回顧する大全になる予定だった。完璧を期していたので、調査・編集・執筆からなる作業は膨大なものとなった。ギィとはその作業を分担しており、定期的に会って打ち合わせる必要があった。また、ドゴール主義の歴史に関する部分は、シャルル・ドゴール研究所の豊富な資料を基にして執筆しようと考え、所長のピエール・メスメールと、九月二十一日に会う約束をしていた。

カトリーヌとクロードがアヴィニョン駅まで見送ってくれた。留守にするのは五日間だけだったし、クロードが雌鳥《めんどり》のようになにくれとなく気を配ってくれるのはわかっていたが、それでも妻を放っておくようで後ろめたかった。そんな私にクロードは、「彼女のことは大事に大事にするから、心配しなくていいのよ。軽くておいしい食事も作ってあげる」と言ってくれた。

二十三日に私は戻った。

「ちっとも太っていないけれど、顔色はいいね」と、私はカトリーヌに言った。

「プールサイドにいたから、あっという間にひどく焼けちゃった！　パリはどうだった？」

「とってもうまくいったよ。アルバン・ミシェルが例の事典の出版を引き受けてくれたんだ。で、きみのほうには何か新しいニュースはある？」

「ベアトリスが話してくれたお医者さまのこと、憶えている？」

「どの医者？　医者は山ほど知っているからね」

「薬草を使って治療するというお医者さまのことよ。相談してみようって言ったのはあなただったじゃないの」

「そうだったね。植物だと、たとえ効果はなくても、身体に悪いということもないからね。なんでも試してみる必要があるし」

「よくはわからないけれど、確かに、危険なものじゃないというのがいいわ」

私たちはかの名手に会いにいった。彼はリュベロンの反対側にある人口三百の小さな村に住んでいた。私たちは物置同然といったひどく薄暗い仕事部屋に通され、カトリーヌは長々と質問を受けた。それから彼は、両方の足の裏を金属板にくっつけるようにと言った。するとモニター画面に、奇妙な輪郭が現れた。それを見て彼は結論を引き出したようで、治療薬、つまりご立派な瓶に入ったご大層な色つきカプセルを強く勧めた。断る理由はなかった。私たちは五千フラン分だけ軽くなった懐を抱え、帰路についた。とはいえ、それほど納得していたわけでもなかったのだが。

なんでも試してみなければ……。

ただし、日々は過ぎても、何の変化も生じはしなかった……。

女性たちがプールで泳いでいる間、私は花壇に水を撒き、ワタスギギクを植え付け（「ちゃんと間隔をあけて植えてね。ものすごく大きくなるんだから!」とカトリーヌ）、レスタンクの草抜きをし、猫たちにつきまとわれ、それらの苦役がようやく終わると、アペリティフとつまみを持って、彼女たちが肌を焼いているタイル張りのプールサイドへと向かう。

私たちは夏の失われた時を取り戻すため、十月もここにとどまろうと決心した。その結果、さらに以下のような友人の来訪を受けた。地獄のようなパリから数日間抜け出すことに成功したジャン・ミシャロン。当地に滞在中だったステラ・バラル。そしてフィリップ・ガラルディと彼の妻カロル。彼らは、何十年にもわたってカトリーヌと私が出入りしていたコニャック＝ジェイ、ビュット＝ショモン、メゾン・ド・ラ・ラジオといった放送局の、まだ記憶に新しい思い出をよみがえらせてくれた。カトリーヌとフィリップは何時間も仲間内の話をし、私はカトリーヌの目に懐古の情がかすかに浮かぶのを見た。

フィリップとカロルはひどく元気がよく、冷静な楽観主義者である。彼らは年上の友人カトリーヌに励ましの言葉をかけ、それは彼女の気力を奮い立たせた。

「化学療法を受けずにすんだなんて、本当によかったよ。そういうケースはまれなんだよ」

「もし受けなきゃいけなかったとしても、拒んだわよ。髪が抜けるなんていやだもの」

「また生えるよ！　それにかつらだってあるんだし」

「そうね。でも私は迷信かつぎなの。愚かだとは思うけれど、どうしようもないのよ。まだ若いころ、夢を見たの。あれは悪夢と言ってもいいものだったわ。髪が抜けて死んじゃう夢だったから。それ以来、髪は絶対に切らないことにしているの」

それは本当だった。私が証人である。定期的に毛先だけはそろえていたが、決して切りはしなかった。素晴らしく美しい彼女の髪は、結い上げるか、あるいは三つ編みにしていないときには腰まで届く長さがあった。考えを変えさせるなど不可能だと、私にはよくわかっていた。

結局、今のところ問題は何もなかった。体重は数キロ減ったもののコレラを乗り越えたし、胃切除は成功したし、血液検査も回復傾向を示していた。したがって将来を悲観する理由などまったくなかった。それに、手術後、完治の可能性を尋ねたカトリーヌにダッツァは、「九十パーセント、大丈夫です。十パーセントの危険性は慎重を期するためです」と答えているのである。

逆に、いつまでたっても解決しない問題は、食道の端に少しも膨らみが見られないことだった。ニヴィエール医師とロジェ医師のアドヴァイスに従い、八時、十時、十三時、十六時、二十時というように食事を分割し——なんとか飲み込める数口分の食べ物を食事と呼ぶならの話だが——、時間どおり食べるよう努力してみた。少量の食事はままごとみたいだった。それでもよくはならなかった。ただ、友人宅に招待され、会食に加わると、なにもかもずっとうまくいった。満ちあふれる友情と会話、食卓を支配する素敵な気分、そして供される洗練された食事によって、だめになってしまった身体も、機能阻害の材料すべてを、忘れてしまうかのようだった。もっとも私には、その原因に心あたりはあったのだが。

「ミシェルとサミールの家に行くと、マギィがお得意の凝った料理をきみの鼻先にちらつかせるよね。そのせいで唾液が分泌され、出なくなった胃液の代わりをしているんじゃないかな」

「あなたの言うとおりだと思うわ。だとすれば、あなたが毎日しなければならないのはただ一つ。

私の唾液の分泌を促すよう、努力することね」

はい、必死でそれに取り組んでおります！　カトリーヌは退院して以来、しばしば料理を私に任せるようになった。びっくりの事実だ！　彼女は、私の料理の才能をいつも認めていたし、私が作ったソースは最高だと人に話してもいた。したがって、料理を任せないのは、まずい料理で食事を台なしにし、それに懲りて私がキッチンから遠ざかってしまうのを恐れたからではなかった。おそらく男はみなそうだと思うのだが、一つで足りるのに三つの鍋を、一つでいいのに四つのパイレックスを、そして一枚で十分なのに六枚の皿を汚してしまう。そんな私のやり方が、ただ気に入らなかっただけなのだ。「後片付けするほうは本当に大変なのよ、困ったちゃん。私みたいに料理しながら次々洗っていってよ！」と。

この小さな出来事も、今となっては昔語りだ。好き勝手にできる今、私は新しい料理を考え出して楽しみ、時には大成功を収めている。

秋がまたそっとやってきた。日が短くなって夜が長くなり、木々の葉は色づいた。

猫たちも以前ほど出歩かなくなった。プール管理を任せているプチジャンがやってきて、プールの水を三分の二抜き、水を濾過して電気分解で再生する複雑な装置の一部を取り外した。私たちはワタスギギクを短く刈り込み、若くて弱い植物をわらで囲った。ゴルフはショヴァン自動車修理店でガソリンを満タンにし、タイヤの空気圧も点検した。明日はパリに向かって出発だ……

**4　嘘

一九九三年十一月二日は、ひっそりと、しかしながら輝く未来を抱えてこの世に生まれてきたカトリーヌの六十四回目の誕生日だった。私たちは、ニニ・モローとロジェ・コラルが営む居心地のいいレストラン『エミール』で、この上もなく素敵な祝いの食事をとった。

『エミール』について話せば長くなる。数年前、友人のブノワ・イゾルニは、貪欲《どんよく》なスペイン人がしかけてくるペテンに疲れ果て、営んでいたマルベーリャの料理宿から未練のかけらもなく逃げ出した。そして、友人のニニと組んで、レ・アール地区のジャン＝ジャック・ルソー通りに別な店を開いた。しかし悲しいかな一年後、ブノワは病魔に連れ去られる。

かくして、店を開いてまだ経験も浅いニニが、独りぼっちで『エミール』を背負い込むことになった。

しかし心配はなかった。

それまで、舞踊界、演劇界、ジャーナリズムの世界と、次々に仕事を変えてきたニニはとても感じのよい女性だったので、人品卑《いや》しからぬ知り合いが多数いた。そんな知り合いたちが、彼女のレストランの話を聞き、そろって駆けつけたのである。

私たちも十一月二日、皆と同様に『エミール』へ馳《は》せ参じ、最高の夕べを過ごしたわけだ。

十日後、私たちはウディノ診療所でフランソワ・ダッツァと会った。カトリーヌは彼に悩みを話した。

「よい栄養学者に相談されることですね。それとがっかりなんかしないように。普通よりずっと遅れて膨らみのできる人もいるのですから」

よい栄養学者と言えば、もちろんアッフェルバオムだろう。私たちにはまさにおあつらえ向きのつてがあった。友人が彼の助手をしていたのだ。

アッフェルバオム教授は、十一月三十日にビシャ病院で会ってくれた。カトリーヌのケースは明らかに通常とは違ったが、優れた専門家である彼はもちろんそれを承知していた。彼は、必要な栄養素すべてを組み合わせた適切な食事計画を作ってくれた。

しかし目を通して、その内容にぎょっとした。毎時間、液体にせよ固体にせよ、なにかしら口にしなければならなかった。つまり、実行すれば、一日は束の間の休憩をはさむだけの長い宴会になってしまうのである。夕食だけしか食べないという一日一食主義をずっと貫いてきた彼女にとって、強迫観念になりかねない内容だった。

そうはいっても、この食事療法は彼女の器質性欠陥を補う最良の方法だった。ただ、彼女にはそれを続けていくだけの気力がなかった。片目で時計を眺め、もう片目で食器を眺めるという生活を三日間続けた後、彼女はおりた。

「とてもできないわ。前みたいに一日に四回か五回、軽食をとるだけにしておきましょう。それでいいでしょう？」

正直に言って、私は何の不満もなくまた仕事を再開した。とりたてて不安を感じる必要などないのに、なぜか不吉な考えが頭から離れなかったのだが、あれやこれやと活動していれば、ありがたいことにそれを追い払えたからである。仕事で出かけるのにもためらいはなかった。留守中は、友人たちが気を配って見守り、助けると約束してくれていたからである。

彼女のほうはまた、分析検査やX線撮影等々、観察のためのさまざまな検査を受けなければならなくなった。とくに三つのマーカー検査は気になる結果を示しており、それを見たダッツァが、全主要器官のX線撮影とスキャンを指示したほどであった。

肝臓写真のせいで、私たちは再びサン＝ジョゼフ病院に呼び出された。ダッツァと彼の助手グレコ博士が話し合おうと、待ち受けていた。例によってダッツァは単刀直入に言った。

「肝臓に影を五つ見つけました。血管腫の確率が高いです。そうだとしたらまったく心配はありません。でも、もっとよく調べてみる必要があります」

採取した組織の分析結果が知らされたのは、十二月二十一日だった。いつになくクロード・シルヴァンも、私たちに付き添ってくれた。

「さあ、フランソワ、何を見つけたのか言って」と、カトリーヌは無表情に尋ねた。

「あまりいいニュースではありません。影は癌性のものでした。それは間違いありません。でも、深部にまで及んでいない表面的なものですから、問題なく手術でとれます」

「どんなふうにするの？」

「ケーキから焦げた部分を小さなスプーンで取り除くようなものだと思ってください。それぐらい簡単なことなんです。それにおそらくご存じとは思いますが、肝臓はまた再生します」

「で、今のところ、治る可能性はどれくらいなのかしら？」

「胃切除の時は、九十パーセントと言いましたよね。今度は発見したものを考慮して、二十五パーセントといったところでしょうか……」

クロードの頬を涙が静かに伝った。私はそれを目の片隅でとらえた。

衝撃は激しかった。しかし、カトリーヌは平然としたままだった。

「二十五パーセントなら悪くないわ。やってみましょう」

「オーケー、カトリーヌ！　ものごとはそんなふうにとらなくては。病気を治すのは、十パーセントが医学の力で、あとの九十パーセントは患者の気力ですからね。手術はいつがいいですか？」

カトリーヌはバッグから手帳を取り出した。

「とにかく、月が欠ける時期はいやだわ。すべてがうまくいかなくなるから。それは経験ずみよ。ええっと……新月は一月十一日ね。それ以降ならいつでも結構です」

「十四日はどうでしょうか？」

「じゃあ、十四日ということで」

その夜、私たちは静かに燃える暖炉のそばに座り、思いを述べ合った。

「うまくいくわよ。だから悩まないで」

「もちろんうまくいくさ！　一緒に闘おう」

しかし、闘うという意志とは別に、冷静な彼女は身の周りの整理を始めた。もしもの場合のために。「用心しただけで、人は死んだりしないわよ」と、彼女は私に言った。

クロードがよい公証人を紹介してくれた。そのセール氏のもとで、互いの遺言書が正式に作成された。

「手術の前には、せいぜい身体を休ませるよう、気をつけてください」とダッツァは言っていた。

そうするよう努力してみよう……。とはいえ、我が家には、電話がひっきりなしにかかってきた。しかもカトリーヌは、話を手短に切り上げられるタイプの人間ではなかった。したがって、夜になるとしばしば彼女の顔には疲労の影が現れた。

「留守番電話をお買いなさい」と、ニニが何度も繰り返した。

「でも、それで何が変わるというの？　メッセージを残してくれた友だちに、またこちらから電話し直さなきゃならないじゃない」

「そうかもしれない。でもあなたの都合のいい時にかけ直せるのよ。食事を中断されずにすむし、お昼寝の最中に起こされることもないのよ」

私はニニの耳に囁《ささや》いた。

「お願いだから、買ってきてくれないかい。きみの考えのほうが理にかなっているよ」

ありがたいしもべは、クリスマス・イブにやってきた。おかげで私たちの生活、とくに私の生活は改善された。

一月初め、私はカトリーヌをサン＝ジョゼフ病院へ車で送っていった。手術前に受けなければならない一連の検査と、麻酔医との面談のためだった。そして、十三日の朝、カトリーヌは七月に使っていた部屋に落ち着いた。あの環境、あの規則的な生活、あの看護師たち、あの中庭の眺め、そしてあの貧弱な食事との再会であった。

再び辛い振り出しに戻ったわけである……。

その夜もまたよく眠れなかった……。確かにダッツァは安心させるような態度をとっていた。しかし、肝臓がすでに侵されてしまっているという事実は、私を怯《おび》えさせた。

本当に眠ったのかどうか、よくわからない……。起きた時、まだあたりは暗かった。

手術は午前九時に予定されていた。しかし私は、彼女が手術室に連れて行かれる前に、そばへ行きたかった。そばにいて、この重大な手術前の避けがたい不安を、彼女と共有したかったのである。

部屋に入った時、彼女は落ち着いていた。鎮静剤の静脈注射を受けていたので、すでに少しぐったりしていたのかもしれない。八時をちょっとまわったころ、看護師たちが入ってきた。ドアがいっぱいに開かれ、壁からそっと離されたベッドは、廊下に押し出された。ドアから出る時、カトリーヌは手をわずかに動かして私に合図を送り、微笑んだ。

ダッツァは、手術後、一階にある診察待合室で話をしようと言っていた。私はそこへ向かった。長時間を必要とする難しい手術であることは理解していた。

すぐそばの雑誌の山から一冊手にとって、ページを上の空でめくった。内容などまったく目に入らなかった。

壁の時計は、耐えられないほどののろさで時を刻んでいる。

突然、目の前にある廊下の向こう端にダッツァの姿が現れ、こちらに近づいて来るのが見えた。こんなに早いなんていったいどういう訳なのか……？

私は飛び上がり、彼に駆け寄った。

彼は静かに私を壁に押し付け、両手を肩においた。その顔色はひどく悪かった。

「よくありません、まったく……。いたるところに転移しているのです。肝臓の一部なら問題なく取り除けたでしょうけれど、肝臓全体となると不可能です……。手術はせずに切り口を閉じました。フィリップ、気を確かに持ってください。カトリーヌは、もう手の施しようがありません」

私は打ちのめされ、茫然《ぼうぜん》自失《じしつ》となった。

時計の針は午前十時十二分を指していた。

束の間、私は時の流れの外にいた……。

ダッツァは、自分のオフィスに隣り合う小部屋へ私を連れていくと、非常に濃いコーヒーを出してくれた。私はゆっくりと我に戻っていった。

彼は私の手をとっていたが、涙を拭うために放した。

私は尋ねた。

「あと、どれくらい生きられますか?」

「長くて一年でしょう」

「一年! 短過ぎる……。でも、長いとも言える……。彼女には、何と言ったらいいんだろう?」

「何も言ってはいけません。彼女のようなケースで、小康状態が何年も続く確率は百万分の一です。とはいっても、今までそのようなことがなかったわけではありません。もしそのチャンスに挑戦してほしいとお考えなら、ご本人に気力がなければなりません。私のほうは、手術は大変うまくいったと言うつもりですよ」

「それでも、そのうち弱ってくるだろうし、そうなれば彼女自身気づきますよ」

「もちろんいつかは気づくでしょう。できればなるだけ遅くそうなってほしいものです。でも、もし本当のことを知ったら、即座に立ち直れなくなりますよ。そうでしょう? それに百万に一つのチャンスはあるんですから……。フィリップ、一番きつくなるのはあなたですよ。嘘をつかなければならないのですから。カトリーヌにも世間に対してもね。これは簡単ではありませんよ」

ダッツァが行ってしまってから、私は外に出た。そしておそらく一時間ぐらい病院の庭をさまよっていたと思う。落ち着きを取り戻し、冷静にならなければならない。そしてなによりも、彼女に微笑みかける力を取り戻さねば……。

強い寒気が満ちていたが、寒さなど感じなかった。すべてが絶望的に見えた……。

ほんの少し前まで、私は希望を持っていた。あんなにも辛い試練に耐え、乗り越えたというのに、かくも残酷な鉄槌が下されるなんて。こんなことがあっていいのか？　どうして彼女がこんな目にあわなければならないのだ？　どうして私たちにこんなことが起きるのか？　頭の中に、倦怠のため冴えない表情をした男女の顔が次々と浮かんだ。もはや二人を結びつけるものなどまったくなく、相手の死を一種の解放としてやり過ごすにやぶさかではない男女の顔が。彼らでなく、どうして別れる理由などまったくない私たちが、こんな目にあわなければならないのだ？

どうしてこの世で一番愛し合っている私たちが、こんな目にあわなければならないのだ？

気がつくと、病院の礼拝堂の前にいた。私は中には入らず、扉の向こう側にいる神に向かって言った。

「昨夜、最後の祈りを捧げました。二度とお邪魔はしませんから、ご安心を。もう決して何もお願いなんかしません。絶対に！　そんなことをしても無駄だと、今、知りました」

私は踵《きびす》を返した。

そして、すぐ近くのノートル・ダム翼棟に入り、彼女の状態を尋ねた。

「ラグノーさん、奥さんはまだ覚醒室におられますよ。半時間後にもう一度来てください」

少しずつ動揺は治まっていた。ノックアウトされたボクサーのように打ちのめされてはいたが、

我に戻りつつあった。まだグロッギーだったが意識はすでにはっきりしていた。一年と言っても
ゼロよりはましじゃないか……。たっぷりあると言っても、あながち間違いとは言いきれまい。
一年の間に奇跡のような特効薬が発明されるかもしれないし、新しい治療法も見つかるかもしれ
ない。誰にそれが否定できよう？　まだ闘える。百万分の一の可能性が私たちに起こらないなど
とは、誰にも言えないじゃないか？　できるだけ早くゴルドに連れて行こう。彼女はゴルドにい
るととても楽しそうだから。友だちに会おう。ニヴィエールにも……。誰かが前、絶望的な患者
に驚くべき結果をもたらした整骨師のようなことをする隠者の話をしてくれたっけ。思い出して
みよう。私たちは闘っていくんだ！

二十九号室の扉を開けた時、私はうまくやってのけられると感じた。カトリーヌは目を開くと
にっこり笑い、再び目を閉じた。

「ゆっくり目覚めるようにそっとしておかなければなりません。彼女に、お茶を入れてきましょ
う」と、ジョジアーヌが言った。

ベッドわきの椅子に腰かけ、彼女の手をとった。

少し経って眠りから覚めたカトリーヌは、私のほうに顔を向けた。

「しゃべっちゃだめだよ。今、お茶を持って来てくれるからね。手術はとてもうまくいった。ダ
ッツァが、あとで話してくれるよ。すぐによくなるからね」

再び彼女は微笑んだ。それは私の心を激しく苛《さいな》んだ。

＊＊5　旅立ち

私の生活は、今までと形を変えた。それは私たちを遠ざけるとともに、近づけもした。知り合って以来初めて介在することとなった嘘ゆえに、私たちは遠ざけられた。しかし、人生最後の数ヶ月が平穏なものとなり、避けられない運命へと向かう道が静かで幸せなものとなるか否かは、もはや私のみにかかっているという点で、近づけられることになったのである。

担当医のコルベール博士とグレコ博士は、苦痛を少しでも和らげようと努力していた。彼らは点滴がうまく入らないと知ると、簡単かつ無痛で行なえるような装置を埋め込むことにした（胸骨の位置で皮下に埋め込まれるこの小さなケースは、常に大静脈に接続されている。点滴針はグリップによって、患者の皮膚ではなくケースの区画に収まり、点滴速度はチューブ上の鉗子《かんし》の圧力で調節される）。

病室に立ち寄ったダッツァは、打ち合わせどおり請け合った。肝臓は完全にきれいになり、今や完治を妨げるものなど何もないと。カトリーヌはその言葉を耳にして、再び希望を抱き始めた。

しかし彼女は、体重が戻らないことに不安を感じていた。理由はわかっていた。口からの栄養補給がほぼ不可能になっていたからだ。その点において、事態は悪化しているように思われた……。

気をもんだ医師たちは、再度X線写真を撮った。その結果、食道がほとんどすっかり閉じていると判明した。手術の縫合部位におけるこの深刻な狭窄《きょうさく》には、さらに別の手術が必要だった。つまり、リングを食道内部に挿入してひっついた食道壁を離し、空間を作らなければならなくなったのである。

二月九日午後四時、救急車が来て、ユニヴェルシテ通りにあるアルマ病院へ、カトリーヌを運んでいった。アルマ病院は、その種の手術を専門としていた。

新しい環境、新しい医師たち、新しい看護師たちに囲まれ、新しい苦しみが始まった。術後の苦痛がどんなに大きいか、誰も隠そうとしなかった。

私は居ても立ってもいられない気持ちだった。

そんなことをして、いったい何になるというのだ？　そんなことをしても、結局何も得るものはないだろうに……。視点を変えれば、手術などしなくてもすむのではないか？　医師たちは役目を果たしているだけなのだ。定められた運命の日など無視し、できうる限り寿命を引延ばすという役目を……。

手術は十日の午前中に行なわれた。午後、彼女は痛みと気落ちに苛まれた哀れな状態で部屋に戻ってきた。慰めようと努めたが、苦痛のせいで弱々しくうめいている彼女には、声など届かないようだった。

翌日、再び救急車に乗ってサン＝ジョゼフ病院に帰り、前と同様の生活に戻った。それを生活と呼べるならの話だが。

　友人たちが、また病院へやってくるようになった。フランシス・レイとアンリ・ローザンシェはどちらも医師だったので、治療記録に目を通し、もし機会があれば担当医に疑問点を質問してほしいと頼んだ。疑い深い性格ゆえではない。意見は一つより複数のほうがいいと考えたからである。私はもちろん、誰に対してもにこやかにしていなければならなかった。「だんだん良くなってきているんだ。担当の外科医はとてもうまく手術してくれたよ。信頼に足る医者だ。食道にリングを入れたから、これでようやく食事もできるようになるはずだし」

　しかし、当のリングは、翌週緩《ゆる》んで役に立たなくなってしまい、もう一度すべてをやり直さなければならなくなった。

「今回は鋼《はがね》でできたリングを用いますが、食道壁を柔らかくするため、挿入手術の二十四時間前に小さな風船を差し込んで膨らませます」と、私たちはいたくありがたい予告を受けた。

　またアルマ病院へ逆戻りだ。手術室へ戻り、悪夢のような目覚めを再び味わうのだ……。

　こんなことに、終止符が打たれる日などくるのだろうか？

　受難はまだまだ続いた。サン＝ジョゼフ病院に戻ると、その後何週間もベッドに留め置かれ、さまざまな薬物治療を受けた。しかし薬物監視がしっかりなされていなかったため、真菌症、湿疹、痂皮《かひ》アフタが同時に生じ、毎日をさらに耐え難いものにした。彼女はウォーターベッドに横たえられ、別の薬物投与が開始された。

私は毎夜、前日よりももっと気落ちした状態で帰宅した。だからといって、めげたりはしなかった。なんでも試してみなければ！　そう、なんでも試してみるのだ！……

私の読者だという女性が、ジュネーヴのM医師の手になる、主に胎児エキスを用いた治療の有効性を知らせてくれた。私はすぐさまその医師に連絡をとり、病状を説明した。彼ははっきりと言った。

「私の治療法はいかなる癌も治せません。しかし、病状がかなり抑えられる可能性はあります。いずれにせよ、治療した患者の多くに効果が見られたことは事実です。試されれば、どのような効果が出るか、ご自分の目で確かめられるでしょう。でも、治癒は期待なさらないように。これだけは、きっちり申し上げておきますからね」

すぐさま、私はその薬を試してみたいと、サン＝ジョゼフ病院の医師たちや、もちろんカトリーヌにも打ち明けた。全員が、礼儀正しくはあったがはっきりと懐疑の態度を示した。しかし私があまりにも執拗に主張したので、ダッツァはとうとう「反対はしない」と言った。一番ためらっていたのはカトリーヌだった。説得する必要はあったが、時間を無駄にするわけにもいかなかったので、薬を注文し、必要な時まで冷蔵庫で保存しようと決めた。しかし問題が一つあった。私は家にいるよりも病院にいるほうが長かった。したがって、航空便で至急発送された代金引換のその荷物が、不在中に届いてしまう可能性もある。そうなれば、郵便局に戻され、その間に品質は取り返しのつかないほど悪くなってしまうかもしれない。そこで、誠実な友人ジャン・ミッシャロンに、彼のオフィスで受け取ってもらうよう頼んだ。ボーザール通りにあるオフィスにはいつも誰かがいたし、運よくフィルム保管用の冷蔵庫もあった。期待どおり彼は躊躇なく引き受けてくれた。二日後、それは配達され、私は立て替えてもらった金を即座に返した。非常な高額だったからだ。

その次の週になって、カトリーヌはやっと折れた。私は即刻、貴重なその瓶を取りにジャンのところへ行った。そして冷蔵バッグに入れて病院に持ち帰り、看護師に手渡した。

翌日、リュシアンが注射を打ってくれた。十分おきに五回、皮下注射を打たなければならない。それも経絡と呼ばれる、厳密に定められた場所に打つ必要があった。たとえば、『総合胎児エキス』の場合は、恥骨結合から指四本分上の位置に打つ。そして十分後に瓶の残りを舌下に打つのである（電話で教えられたことは、すべて記録していた）。『総合胎児エキス』以外にも、肝臓、副腎、胸腺、胃から抽出したエキスを打つ。こうした療法は五日間続けなければならない。そして一ヶ月後にまた同じことを繰り返すのである。

五日目が過ぎた時、カトリーヌはずいぶん気分がよくなったとはっきり言った。この療法と効果についての意見は分かれていた。気分がよくなったことに関して、ある医師は純然たる自己暗示だと言い、ある医師はさらなる効果の可能性をも否定しなかった。それどころか、ある種の治療について、フランスはしばしば実施を渋り、他国に水をあけられてしまっているとまで言った。

他にも一つ情報を得たが、実現は不可能だった。その奇跡の療法は、アムステルダムにある私立病院でのみ行なわれていたからだ。たとえ傷病者輸送機を使うとしても、カトリーヌをアムステルダムへ運ぶなど、まったくの論外だった。

家の留守番電話は、毎朝、友人たちのために『健康状態報告』を録音するのに用いた。非常に詳しい状況変化を録音し、私と直接話さなくてもいいようにした。たとえば、「健康報告第十二回。カトリーヌは昼食をかなりの量とりました。こんなに食べたのは久しぶりです。リングはちゃんと収まったようです。同時に、精神面でも、良好な状態へずんずん向かっています。痂皮《かひ》はほとんど消えました。湿疹も同様です。彼女から、よろしくとのことです」

毎日の吹き込みは、耐え難いほどの苦痛だった。メッセージの中に、回復しつつある彼女を眼にする安堵感や喜びを込めようと、ベストを尽くした。いかなる回復の兆しも見えなかったのに。もともと回復など不可能だったのだから。彼女自身、見舞い客を陽気に迎えるための努力は惜しまなかったとしても。あのころを思い出すとぞっとする。

私の顔はフォションで知られるようになった。「ラグノーさん、今日は何にしましょうか?」と。カトリーヌが、朝の掘り出し物を見て声を上げると嬉しかった。それを味わっている様子を見るのはさらに喜ばしいことだった。私たちにあの小さな幸せを与えてくれた名店フォションには、どんなに感謝してもしきれない。

もちろん、それは健康の兆しなどではなかった。彼女の苦しみには絶え間がなかった。その激しさは日や時によって異なったが、決して途切れはしなかった。最小限の栄養摂取を確保するため、医師たちは非経口の栄養補給、つまり点滴をやめ、鼻から管を入れて食道まで通す方法を検討し始めた。拷問のようなこの新しいやり方を、カトリーヌは断固拒否した。したがって、あらゆる栄養不足、あらゆる不快感、そしてあらゆる苦痛を回避するため、一連の薬を経口や静脈注射で一斉に、あるいは連続して投与するという方法がとられることになった。なされた治療をしっかり把握しておこうと決心していた私は、薬剤の名前を控えておいた。その数は驚くべきものである。〈ヴァリウム、ラルガクチル、プロダファルガン、カリ、モチリウム、マーロックス、リボトリール、濃縮トタミン、シナクテーヌ、プレプリュシッド、イモディウム、クレオン、ソルメドロール、ドリプラン、レクソミール、ガヴィスコン、スケナン、ファンギゾン、ジェロックス、スパスフォン、プリチカン、スルファレム〉そのあとは忘れた……。

ある夜、家に帰った私は、医師をしている友人たちに電話してみた。

「いったい何のためなんだろう？　きみはこの投薬についてどう思う？　嚥下《えんか》を妨げる痙攣《けいれん》に対処するなら、もっといい方法があるんじゃないか？」と。

診察することなく発せられた彼らの意見はさまざまで、にわかには聞き入れ難かった。多かれ少なかれ矛盾しており、得たのは確信よりも猜疑心のほうであった。私は安心したかった。もしくは逆に、危険を注意してほしかった。時には助言もほしかった。とにかく、なんでもしてみようと決心していたのだから。

カトリーヌには、爆弾のごとく降り注ぐカプセル、錠剤、座薬そして注射を拒むことなどできるはずもなかった。しかしその結果、何を得たというのか？　実のところ、得たものなどなにもなかった。

　ある日、看護師の一人が「対症療法治療科にご相談なさったほうがいいんじゃないでしょうか」と、まるで秘密を打ち明けるかのようにそっと耳打ちした。

　それは、病院のもう一方の端にあたる別館にあった。一人の女医が私を迎えて、話を聞いてくれた。彼女は、カトリーヌを見にきて、担当医たちと話をしてみると約束し、実際そのとおりにしてくれた。

　三日後、私は再び彼女に会いに行き、別の医師立会いのもと、胸の内を洗いざらい話した。

「状況はおわかりですよね？　ここにいても、もう何の意味もありません。先生もそう思われるでしょう？　家に連れて帰りたいのですが、どうでしょうか？」

「迷うことはありません。そうなさってください。バニョレにあるＨＡＤに連絡をとってください」

「それは何ですか？」

「在宅医療センターです。スタッフはとても優秀ですよ。それに、彼らはモルヒネ使用の権限も有しているのです。奥さんは本当のことを知っておられますよ。ご存じですか？」

「いいえ、知りませんでした……。妻はあなたにそう言ったのですか？」

「知っておられることを、それとなくほのめかしておいででした」

「本当のことを知りたくて、わざとそんなふうにしたのだと思います。いずれにせよ、決心しました。家に連れて帰ります」

そう話し合ったのは、三月十九日のことだった。

そして二十一日、カトリーヌはヴィルアルドゥアン通りの私のもとへ帰ってきた。フランソワ・ダッツァが車で送ってくれた。彼がそれを強く望んだからである。

前日、ＨＡＤに連絡をとって、点滴薬および器具一式を届けてくれるよう頼んでおいたので、家に着いたとき、必要なものはすべて揃っていた。

夕方になって一人の看護師がやってきた。それがテレーズ・プセだった。彼女が後《のち》に真の友になるなど、その時には知る由もなかった。

カトリーヌは幸せそうだった。家に帰り、夫と猫たちと身の周りの細々した物に囲まれ、感性と知性を注ぎ込んで作り上げた最高のインテリアの中に再び身をおくことができたのだから。病院生活は終わったのだ。廊下の騒がしさとも、飲み込めないかもしれないお茶のために早朝から起こされることとも、看護師や雑役婦の往き来とも、消毒薬の臭いとも、うんざりするような食事とも、手が切れたのだ。世話は私が常時する。管や点滴を外せば、時には外へだって連れ出せる。

帰宅した翌日、苦痛緩和専門医ジャン＝マリー・ゴマ博士が診察にやってきた。私たちは即座に彼が気に入った。コルベール博士からきちんと正確な状態を知らされていた彼は、そつなくそして詳細に自分の役割を説明してくれた。苦痛緩和の専門医は、まず患者に生きる喜びを少しでも取り戻させるよう努力する。そして母なる自然の治癒力しか期待できない難しい病状にある患者が、その治癒力の生じるチャンスをしっかりつかめるよう、活力を回復させるのである。

カトリーヌの場合、食事の不足を最低限補うこと、そして苦痛を徹底的に取り除くことが、ゴマ博士の任務だった。その目的で点滴器具にセットするよう彼が指示したのは次の三種類だった。十パーセントのブドウ糖、イントラリピッド、そしてビタミンと無機塩の混合液である。さらに皮下に埋め込まれた器具によって、皮下モスコンチンも投与されることになった。モスコンチンというのはモルヒネである。私はその処置を見て、ほっと安堵した。

カトリーヌはリビングルームの大きなソファに身を落ち着けた。以前不眠症になった時、いくつかの夜を過ごした場所だった。こうしてようやく、彼女は心地よさを感じられるようになった。

高度な専門能力を具《そな》えた、にこやかで温かみの感じられる五人の看護師が交代でやってきて、私がファリ薬局で買っておいた点滴を交換し、定期的に速度を変えたり、開始したり、調節したりした。ナディアとテレーズとフランソワーズが日中担当で、マリー＝クロチルドとオディールが夜間担当だった。彼女たちが到着すると、すぐにキッチンで話し合いが始まる。私がカトリーヌの昼夜の状態を話し、様子に応じてモルヒネの量を決めた。カトリーヌが顔をしかめれば、薬効は限界に達しかけており、そろそろモルヒネの量を何ミリグラムか増やさなければならないとわかった。

日中は、カトリーヌの好きにさせておいた。彼女は起きると身づくろいをし、来客を迎えても恥ずかしくないようなコモロやアンティルで買った豪華なドレスを身につけ、アパルトマンの中で時を過ごした。彼女にはいつも何かすることがあった。クローゼットを片付けたり、衣装ダンスを整理したり、IHヒーターを磨いたり、洗濯機を回したりと。それらをすることで、目に見えて元気になっていった。

午後七時ごろになるとテーブルに着いて、私が用意した夕食を何口かでも食べようと努力する。うまく飲み込めない時には、たっぷり買い込んであるたんぱく質強化ポタージュのオラステルを一袋温めた。時には、クノールやリービッグの問題なさそうなポタージュにして変化をつけた。その後すぐ、夜間担当の看護師がやってきて、夜用の点滴をセットする。

それからは一緒にテレビを見たり、ただおしゃべりしたりして過ごした。猫たちはそばを、あちこちうろついていた。

カトリーヌはいつも十時ごろ、眠りについた。私が活躍するのはそのあとだ。

点滴薬は多種にわたっていたので、問題の生じる恐れがあったのだ。各点滴剤につながれた管は同じ止め栓を通っており、それぞれの流量は他の点滴液と互いに関連し合っていた。したがって落ちる速度が速過ぎたり遅過ぎたりしないよう、すべての点滴について監視する必要があった。ありがたい目覚まし時計の助けを借りて、午前二時、四時、六時に起きる。それから手に懐中電灯を持ち、爪先立ちでそっと行っては、速度を遅らせたり速めたりして点滴の流量を調節する。

日中担当の看護師が来る午前九時少し前、すっかり空になったすべての点滴パックの管に鉗子《かんし》を止めると、私はようやくほっとするのだった。補足成分を含む四番目の点滴薬がさらに加えられた時、私はもはや無敵の存在となっていた。

日々の健康状態はずっと留守番電話に録音し続けていた。しかし友人たちの訪問はそれで妨げられはしなかった。私たちにとって彼らの訪問は、友情あふれる陽気なお祭りのようなものだった。英国式のお茶を囲んで、心温まるおしゃべりがいつまでも続く。そんな時、カトリーヌは光り輝くようだった。

私は相変わらず皆に対して嘘をつき通していた。本当のことを知ったら、誰かが取り乱したり、うっかり失言したり、度を越した優しさを示すのではないかと疑っていたからだ。

それまでに本当のことを告げたのは、ボブ・ヴォシェだけだった。その冷静さ、生き方、気骨から考えると、墓石のように口を閉ざすのは明らかだと思われた。最悪の時、私の苦悩をわかってくれ、支えてくれる人間が必要だった。そんな存在として、私は彼を選んだのである。

しかし時が経つにつれ、喜びあふれる声や幸せに打ち震えた確言は、次第に耐え難いものになっていった。「ああ、ついに治ったんだ！　ゴルドへはいつ行くの？」とか、「悪夢はもう過去のことですね。今後のご予定は？」とか、「癌も治るんだって、よくわかっただろう？　あんなに心配する必要なんかなかったんだよ！」等々……。

それに、感受性が強い人の場合、最後の最後になってから真実を知るほうがより酷《むご》いのではないか？　こうして沈黙し続けるのは、彼らを重要視していないか、あるいは熱心さや思いやりに欠けるとみなしている証拠ととられ、非難されるかもしれない。三月二十八日、試しに、ニニ・モローへ本当のことを話そうと決心した。親友の彼女はしょっちゅう姿を見せており、その日もいつもどおり見舞ってくれた。私は、道の端にとめてある車まで彼女を送っていった。真実を聞いた彼女は、まるでみぞおちにパンチを受けたかのようだった。「なんてことなの！」と、一言つぶやくや否や、彼女は大慌てで運転席に座った。車がスタートした時、彼女の顔は涙でぐしょぐしょになっていた。

テレーズは毎日寄ってくれた。カトリーヌと彼女の間には、強い絆が結ばれていた。二人は理解しあい、信念を共有し、同じ好みを持ち、同じことでおかしがって笑った。一緒にいると幸せそうだった。互いが大好きだったのだ。テレーズには、二十七年間にわたるターミナル医療の経験があった。どんな言葉をかけ、どんな態度をとれば、人を慰め、励まし、元気づけられるか熟知していた。彼女のために玄関の扉を開けると、私はいつもカトリーヌに告げる。

「テレーズが来たよ」と。

「テレーズなの！　あなた、早く彼女にコーヒーをいれてあげてちょうだい！」

まずはコーヒーを一杯。それが習慣になった。

四月に入ると、春は筆をふるい始め、小道具をあちこちに広げた。通りの木々を艶々と輝かせ、小さな公園の草むらでは黄水仙の花を開かせ、雲間から深い青空をのぞかせた。多くの家庭にとって、春はまた大掃除の時期でもあった。カトリーヌは突如として、家を片付け磨き上げたいという衝動にとらわれた。本質的に丹念で、完璧を目指すたちの彼女は、余すところなく清潔にしたいと、強い思いにとりつかれたのである。

「あなたがよい習慣を保ち続けられるよう、すべて非の打ち所のない状態にしておきたいの」と、彼女は言った。

彼女は、私が近々独りになり、しかもその状態がずっと続くということを前提にして、話すようになっていった。当然と言えば、当然のことである。ダッツァは、「助かる見込みは四つに一つ」と言ったのだから。言い換えれば、私を残して逝ってしまう可能性は、七十五パーセントにもなるのだ……。

四月中旬、彼女は私を、ルヴァロワにある家電販売特約店へ引っ張っていった。かつてテレビ・プロデューサーをしていた彼女に、その店は破格の値段で商品を売ってくれるからである。長時間立ったまま販売員と電子レンジや携帯電話、洗濯機の特徴を比較検討している彼女を見て、私は感心した。

その翌週、今度はリビングルームのカーテンが取り替え時期にきていると言い出した。モロッコで織られた美しい生成りのウールでできていたカーテンは、いつしか日に焼かれて色あせていた。彼女は車を運転したいと言い、私をルドリュ＝ロラン通りにある顔馴染みの店へ連れて行った。私たちは見本帳でとても美しい生地《きじ》を見つけ、すぐさま注文した。さらに、サン・ニコラ通りにある縁飾りのトップメーカー、ウレに出向き、縁飾りテープとカーテン吊りのテープを選んだ。どこでも彼女の顔は利き、大歓迎を受けた。装飾に関する能力は百科事典並みなので、プロも一目置かざるを得ないのである。

しかしながら、これらの外出は彼女を明らかに疲れさせた。横になったままでいる時間がだんだん長くなったので、電気モーターやさまざまな機能を備えたいわゆる医療用ベッドを届けてもらった。ベッドには、十七世紀風のシーツを二種類用意した。一つは森のプリント柄、もう一つはフランス式庭園のプリント柄だ。このベッドのおかげで全員が楽になった。とりわけ看護師たちは、ベッドを適切な高さにセットすることで、さまざまな医療処置をより容易に行なえるようになった。

カトリーヌの精神と心に目立った変化が生じたのは、四月末ごろであった。

ある日私は、それを物語る光景に遭遇した。カトリーヌはクロード・シルヴァンをウォーク・イン・クローゼットに連れ込むと、絹のブラウスを試着させようとした。

「おかしいわよ、あなた。どれもあなたにすごく似合っているじゃない。この夏に着たら、我ながら素敵だ、なんて思うわよ」と、クロードは言い返した。

「でもね、クロード、私が着ることなんてもうないのよ」と、カトリーヌは答えた。

こうして、最も親しい友人たちに少しずつ、着るものや宝石、そして靴やスカーフを分け与えるようになった。

友人たちはひどく狼狽した。「精神衛生上よくないわ。無意識的か意識的かは知らないけれど、死を甘んじて受け入れたということでしょう……」とレイラは言った。

真実がもたらす究極のショックの厳しさと大きさを少しでも和らげたくて、私はこの変化にそっとついていった。私たちはよく話した。とくに夜には。

「まだあなたは、私が治ると思っているの？　もし治る見込みがあるなら、化学治療や放射線治療をするはずよ。モルヒネなんかじゃなくね」とカトリーヌは言った。

「そうとも言える……。でもいずれにせよ、この病気に関しては、今どうなっているのか、これからどうなるか、まったくわからない。半年以内に死んでしまうかもしれなし、何年も生きられるかもしれない。どちらも同じくらいあり得ることなんだ。どんな可能性も無視しちゃいけないと思う」と、私は答えた。

五月初めの数日間、彼女は激しい怒りにとらわれた。

「どうして、こんな目にあわなきゃならないの？　私が何をしたというのよ？　それにあなただって、どうしてこんな目にあうの？　もうへとへとになるくらい十分苦しんでいるというのに！　あなたはこれからどうなっちゃうの……？」と。

カトリーヌは泣かなかった。テレーズの腕の中で、ただ一度泣いた以外は。泣いたりするものかと強がっていたのだ。それが彼女の性格だった。

同時に、錯乱が激しくなっていった。日中、急に立ち上がると、突如として手仕事にとりかかったりするのである。例えば、リビングルームの古いテーブルの穴に、蝋《ろう》をアイロンで溶かして埋めるといった、面倒な、それでいて取るに足りない作業が多かった。何時間もかかる場合もあった。穴をきれいに削り、蝋を流し込み、表面を平らにし、焼付け、薄く色をつけ、磨き上げなければならないのだから……。

私は不測の事態に備えて、じっと見張っていなければならなかった。彼女はもう二度も、テーブルに火をつけたからだ。

五月十日ごろ、テレーズはなかば故意でカトリーヌの罠にはまった。テレーズは経験上、運命の日が近いと、誰よりもよく知っていたからである。カトリーヌはテレーズの手をとり、じっと目を見つめた。

「テレーズ、あなたはクリスチャンなの？」（もう数週間前から、二人は非常に親しい口をきくようになっていた）

「そうよ。でもどうしてそんなこと聞くの？」

「じゃあ、絶対に嘘なんてつかないって誓ってくれる？」

「誓うわ」

「ね、言ってちょうだい。癌はどこまで進行しているの？」

テレーズは、喉が締めつけられるような気持ちになった。しかし、心の準備をさせねばならない時が訪れたのだと悟った。

「本当のことを言うわ。手術はできなかったの。転移は肝臓の深部にまで及んでいて、触ればさらに広がる可能性があったから。それで手術はやめにして、治療するほうを選んだというわけ」

反応は、まさにカトリーヌらしいものだった。嘆いたり絶望したりする代わりに、憤激したのである。

「まあ、なんて卑劣な人間なの！」

「誰が？」

「もちろんダッツァよ！　私に嘘をついたんだから！」

「でも、本当のことを言われたとして、あの時点で、あなたはそれに耐えられたって断言できる？　それにチャンスはずっとあったの。小康状態が長く続くかもしれないというチャンスがね。たとえわずかだとしてもよ。今だって、まだそのチャンスはあるの……」

「そうね。でも、私にはなんとなく本当のことがわかっていたの。嘘じゃないわ」

その日を境に、カトリーヌと私は『これからのこと』に備える決心をした。真剣に。『これからのこと』とはつまり、鏡の両側に別れての生活についてである。私たちは、『これから』もずっと一緒に暮らしていこうと固く決めていた。これまでとずいぶん違った生活になるだろうとはわかっていたが。

「もうきみの姿は見られなくなるんだよね……」

「そうね。でもお馬鹿なことをしたら、ちゃんと意見しますからね、困ったちゃん！」（後に、

彼女は約束を守ることになる)

　彼女は私に尋ねた。

「あちら側では、何を目にすると思う?」

「よくわからないよ。行ったら、教えてくれるかい」

「いずれにせよ、ママとムヌには絶対会えると思うわ」

　彼女は、他の亡くなった人たちについても、やさしく語った。父親、子供時代に大きな影響を及ぼしたセヴェンヌの祖父、ブノワ・イゾルミ、クリスチーヌ・ファブレガ、ギイ・シャルパンティエ、飼い犬のムスタシュ、そして彼女がとてもかわいがっていた私と先妻の息子アラン。しかし、彼女の口に一番よくのぼったのは、『ママ』と愛猫の『ムヌ』だった。両者に対しては特別に深い愛情を捧げていたのである。

「会うのがとても楽しみだわ」

「時々きみが羨ましくなるよ!」

「そうでしょう。この世のすべてにうんざりし始めているの。もちろんあなただけは別よ」

　五月末になると、病状はさらに悪化した。モルヒネを投与しても、前よりも早く苦痛が戻ってくるようになった。私はゴマとテレーズの承諾を得て、一回分の量を大幅に増やした。腹部に激しい痛みを感じると、「ママ……ママ……!　迎えに来て!」と声を上げた。

　その叫びは、私にとって拷問のようなものだった。

とりわけ悪化を感じさせたのは、精神状態の乱れによってであった……。ほとんど毎晩、起き上がると点滴をつないだままの状態で点滴用支柱を押し、裸足で家事を始めたり、「整理するため」と言っては引き出しの中のものを床にぶちまけたりするのだった。私は夜中に十回も起きなければならなかった。HADの看護師を電話で緊急に呼ぶ必要が生じることもしばしばだった。激しく動き回ると、血液が点滴管を逆流してしまうからだ。できるだけ早くとめなければならないが、電話の十五分後、看護師が玄関のチャイムを鳴らした時には、一個あるいは数個の点滴瓶が血液でいっぱいになっている場合もあった。そんなことが、早朝の三時、四時、五時……と起こるのである。

ある夜、キッチンで彼女が四つん這《ば》いになり、タイル張りの床を大量の水で洗っているのを発見した。支柱と彼女をつなぐ点滴の管は、いまにも切れそうなほどぴんと張っている。水道栓が開いたままになっていたので、リビングルームは水浸しだった。

またある夜には、華奢《きゃしゃ》なクッションを洗濯機にぎゅうぎゅう詰め込んだ。物音で目が覚め、駆けつけると、彼女はまさに洗濯機のスイッチを入れようとしているところだった。寝る時に脱いだ衣服を掛けておく『衣装掛け』の壊れた縦枠を直そうと、奮闘しているのを見つけたこともあった。ベッドに座った彼女は、なんとでんぷん糊で張りつけようとしていたのである！　それを見て私の心は乱れに乱れた。彼女は塗料、ニス、糊、蝋、ペンキについて熟知していた。その使い方にも習熟しており、修理のプロよりも腕は上だった。いったい、彼女の精神はどんな奈落《ならく》に落ちてしまったというのか……？　そしてあの忘れがたい夜！　例によって点滴用の支柱につながれたまま、キッチンのテレビを自分のベッドまで引きずり、重いソファまでも含むリビングルームの家具すべてを配置換えしていたあの夜！　計り知れないあの力はどこから出てくるのか……。もっとも、さすがに支柱は、点滴瓶四つをつけたまま倒れてしまっていたのだが。

しかし日中には、意識の澄み切るときもあった。とくに友人が見舞いに来ると、彼女はまったく普通に感情を表し、いつもどおり気の利いたことを口にしては笑い、語り、感謝した。

診察の依頼に応じて、ゴマ博士と助手のスクナジが来てくれた。彼らは、脳への転移の可能性は排除できないとしながらも、むしろ病んだ肝臓の引き起こす脳症ではないかと言った。

「いずれにせよ、今後は私たちのところでお世話しましょう。そうしないと、あなたも倒れてしまいますから。人間は何が欠けてもけっこうやっていけますが、睡眠だけは例外です。もう一週間も、眠っていないのでしょう？」

「入院なんて問題外です。彼女は私や猫たちと一緒に、自分の家具に囲まれ、我が家で過ごさないとだめなんです。彼女がくつろげるのはこの家だし、死ぬのもこの家なんです」

「そうなさりたいなら仕方ありません。でも、少なくとも、夜間付き添い人だけは、頼まれるようお勧めします」

「それはいい考えですね。テレーズに適当な人を探してもらいましょう」

テレーズのよこしてくれた女性は、文句のつけようがなかった。有能で、慎重で、しかも献身的だった。九時ごろにやって来ると、彼女はソファに陣取った。本を携えていることもあれば、手ぶらのこともあった。カトリーヌがうとうとし始めるや否や、よく見えるようにするため、彼女はソファをカトリーヌに近づけた。すぐそばの長いすに、つかの間ですら横たわることなど、ただの一度もなかった。

彼女が初めて来た夜、私はぶっ続けで十二時間眠った。起きた時、すべては順調だった。看護師は来ていたし、点滴はうまく行なわれていたし、カトリーヌは穏やかに眠っていた。もっとも、もはや夜中に起きて動き回る元気など出ないくらい衰弱してしまったのかもしれないが。その後、二、三度動き回ろうとしたこともあったが、夜間付き添い人が優しくベッドに横たわらせ、毛布でしっかり包み込み、再び眠りに入りやすいようにしてくれた。

五月二十九日、私と先妻の娘ドミニクが、昼食を食べにやって来た。もてなし、おしゃべりするため、カトリーヌは起きて食事を共にした（ほんのわずかだけだったが）。

「ドミニク、とても素敵な着こなしね。まさにあなたにぴったりの装いだわ。フォンテヌブローでのお仕事のこと、ちょっと話してくれない」

話している二人をそのままにして、私は家事に取りかかった。

カトリーヌとドミニクの関係は、時折ギクシャクする場合があった。二人とも自分の考えは変えない一徹さがあったからだ。しかし互いに相手を高く評価してもいた。

「ドミニクは本当にいい娘よ。まっすぐで、率直で、知的だし……。私の助言を反抗せずに受け入れてくれさえすれば、私たちはとてもうまくいくのに……」と、カトリーヌは言っていた。

私のもう一人の娘シルヴィとは、見たところ何の問題もなかった。カトリーヌはシルヴィをわが子のように思っており、一緒にいておしゃべりするのをとても楽しんでいた。

「シルヴィといると、とてもたくさんのことを教えられるわ！」と。

その日の夜、ゴマ博士が来た。彼は診察をし、彼女とおしゃべりし、そして私だけにそっと言った。

「夜間の点滴は止《や》めたほうがいいと思います。同意していただけますか？」

私には、それが何を意味するかわかっていた。カトリーヌの栄養源は点滴だけだった。しかし癌が全身に及んでいる今、点滴はもはや転移と苦しみしかもたらさないのも事実だった。

私はゴマ博士に答えた。

「同意します。彼女も私も、単なる延命治療には反対ですから」と。

翌々日の五月三十一日の朝、カトリーヌは私とテレーズに言った。

「数日前からとても調子が悪いの。モルヒネさえ、もうそんなに長くは効かなくなったわ。でも私はがんばる。死ぬのは六月にしたいから」

「どうして、六月なの？」と、テレーズが驚いたように尋ねた。

「だって、父が亡くなったのは六月。大好きだった祖父が亡くなったのも六月。ママも六月に亡くなったんだもの……。六月はアングラード家の月なのよ」

その日、カトリーヌはどんどん弱っていった。

私たちはモルヒネを最大限まで投与した。テレーズは立ち去り際に言った。

「今夜、もう一度寄ってみるわ」と。

彼女が再びやって来たのは、午前一時だった。

私はカトリーヌのそばにいた。カトリーヌは、もうあまり苦しんでいないように見えた。しかし呼吸は浅かった。テレーズは私の近くに跪《ひざまず》いた。私たちはカトリーヌの手を片方ずつとった。

そして私は言った。

「カトリーヌ、午前一時だよ。六月一日になったんだよ。きみは勇敢な兵隊みたいに戦ったね。これまでも、いつだってそうだったけれど……。きみは勝ったよ。でも、もう逝《い》ってもいいんだよ……。もう戦わなくてもいいんだ……。がんばらずに逝ってもいいんだよ……。もうすぐ、鏡の向こう側でまた会おう」

カトリーヌは私のほうを向いた。握っている彼女の指に力が加わるのが感じられた。それから彼女はにっこりした。それは穏やかで幸せそうな微笑だった。まるであの世から投げかけられた微笑のように……。

カトリーヌの魂は身体から離れていった。

私とテレーズはカトリーヌのそばに跪き、ずっと彼女の手をとったままでいた。

カトリーヌは逝ってしまったと、私たちにはわかっていた。しかし心臓はまだかすかに打っていた。非常に弱くはあったが……。

「とても深い昏睡状態よ。でもカトリーヌは、もうとても遠くて高いところへ行ってしまったわ……。二十七年の間で、こんなに美しい旅立ちを目にしたのは初めてよ」と、テレーズがささやいた。

私はずっとがんばってきた。一九九四年一月十四日以来、がんばってきた。しかし今やがんばる力など残っていなかった。私は力尽きた。そんな私をテレーズは抱きしめてくれた。

六月二日、シルヴィが泊りに来た。ここ数週間、彼女はしばしば来てくれていた。そばにいれは私の支えになれると感じていたのだろう。残念ながら、互いに深い思いを抱いていたカトリーヌと見つめあうには遅過ぎた。カトリーヌが目を開くことなど、もうなかったからだ。

四日の朝六時ごろ、シルヴィがベッドで眠っていた私のところに来て、肩に触れた。

「パパ、終わったわ」

私は起き上がった。

夜間付き添い人がカトリーヌのそばにいた。

「鼓動は午前四時ごろ、停止しました。お嬢さんが、あなたをもう少し眠らせておこうとおっしゃったものですから」

「二人ともどうしてそれに気づいたの？」と、私は尋ねた。

「ルルが私たちを起こしてくれたの。四時ごろに吐いたのよ」

（あとになってテレーズは、次のように話してくれた。「あの日の朝四時ごろ、うちの黒猫が吐いたの。それで私は、カトリーヌに何が起こったかわかったのよ……」と）

「ルルを見て……」と、シルヴィが言った。

おチビのルル、カトリーヌが愛してやまなかった『彼女の猫』ルルは、カトリーヌのそばに飛び乗ると、彼女の足にもたれて横になった。じっと静かに。

2部
今夜あなたを待っているわ

《死などたいしたことではない。私はただ単に隣りの部屋へ移っただけ。

私は私、あなたはあなた。

これからも他者との関係は、今までとまったく変わりはしない。

これまでどおりの名前で私を呼んでほしい。

これまでずっとそうしてくれていたように、これからも私に話しかけてほしい。

厳《おごそ》かな、あるいは悲しげな口調ではなく。

これまで一緒に笑い転げたものを見たら、これからも笑ってほしい。

祈ってほしい、微笑んでほしい、私のことを考えてほしい。

これまでと同じような調子で、私の名前を口にしてほしい。

いかなる仰々しさも、わずかな影も感じさせずに。

生はこれまでとまったく同様の意味を有している。

生はこれまでとまったく変わりはしない。私たちをつなぐ糸は切れてなどいない。ただあなたに私が見えないだけ。

私はあなたを待っている。遠くに行ったりなんかしない。

ただ道の向こう側に移っただけ。

あなたにもわかるだろう、すべてよし、と。》

――シャルル・ペギィ

＊＊ 1 悲しみはあとから

　カトリーヌは、私が一ヶ月前、リビングルームに据えた医療用ベッドに横たわっていた。両手は友人のエヴリーヌがくれたロザリオの上で組み合わされ、表情はあくまでも穏やかさに満ち満ちていた。そのため、まるで眠っているかのように見えた。唇にはかすかな笑みさえ浮かんでいた。

　日は昇ったが、猫たちは動かなかった。ルルは足の上に、そしてミミは足下に横たわっていた。午前四時を少しまわってから、猫たちはずっとカトリーヌのそばにいた。二匹一緒に。音も立てず。二匹はそこから動こうとしなかった。

　カトリーヌの一番のお気に入りだった看護師テレーズは夜明けにやって来て、その光景に感嘆した。

「フィリップ、この感動的な光景をちゃんと残しておくべきよ」

「写真を撮れってこと？」

「そうよ。不謹慎で場違いだと思うのは、ばかげているわ。私にはカトリーヌが写真を撮ってほしがっているとわかる。この猫たちをあんなにも愛していたのよ」

　テレーズの言うとおりだった。私はカメラをとりに行った。部屋はまだ薄暗かったので、フラッシュをたこうとした。テレーズはそれに反対した。

「だめ。この薄明かりの状態をこわしては。カトリーヌの顔には、夜明けのやさしい光が、ちょうどいい具合にさしているじゃない」

写真は撮れた。夜間付き添い人が驚いたような顔をして見ていた。そのまなざしには少々非難がこもっているように思われた。突然、この光景がどれほど常軌を逸し、現実離れしたものであるかに気づいた。ライカで平然と撮影作業に取り組む私。まるで二人して、カリブの浜辺でくつろいでいるかのようだ。一人が、お昼寝しているもう一人をこっそり写しているといったふうに。さかんに助言するテレーズ。夜間付き添い人が私たちの行動をじっと見守り、二匹の猫はママにもたれて静かにまどろんでいる……。

普通ならことはこんなふうに運ばない。岸辺に取り残された人々を、絶望が大きなうねりの中に引き込む。無力な立会人でしかない彼らは、泣き、嘆き、互いに抱き合うのだ……。

不意に、ばかばかしくなった。自分が流れの外側にいるような思いにとらわれた。手にぶら下げているカメラも、夜間付き添い人のいぶかしげな眼差しも、涙さえ浮かばず乾いたままの目も、私たちを包むこの静寂も、なにもかもばかばかしく思えた……。

苦痛緩和療法の仕事に三十年のキャリアを持つテレーズは、人が死ぬのを何度も見てきた。私がそんなふうに感じるであろうことはわかっていたし、それを理解してもいた。彼女は私の腕をとった。

「フィリップ、座ってちょうだい。あなたは今、自己嫌悪に陥っているけれど、それは大間違いよ。人が亡くなるとすぐ、残された人たちには一種の恩寵のようなものが与えられるの。打ちのめされて、無感覚になるのよ。死という一撃はとても激しくて、私たちはノックアウトされてしまう。これは天恵よ。だから人はいつもどおり動いて、いつもどおりの口がきける。まるで起こったことなど、自分には関係ないみたいにね。悲しみがやって来るのは、あとなの。もっとずっとあとなのよ」

私にもそれはわかっていた。すでに経験済みだったからだ。両親の死、そして姉妹の死によって。さらに、エリアーヌの死によっても経験している。エリアーヌは私の最初の妻だった。対独レジスタンス組織マキの連絡官という過去を持ち、レジオンドヌール勲章シュヴァリエ章と戦功十字章保持者の彼女は、一九五八年二月四日、癌に斃れた。癌はすでに私から、最初の妻をも奪っていたのだ……。

それに、一九八一年九月十七日には、息子のアランも失っている。原付バイクに乗っていたアランは、車に跳ね飛ばされ、両下肢が麻痺してしまった。彼は婚約者に、一生車椅子を押し続ける運命など背負わせたくなかった。だから病院の部屋で自殺してしまったのだ。そう、私は、頭に振り下ろされるハンマーの衝撃を知っている。その後に続く情動と感情の奇妙な麻痺状態も。現実離脱したこの静かな操り人形状態こそ、私たちを昨日までの生活につなぎとめ、知らず識《し》らずのうちに日常生活を営ませるのである。昼食を用意し、もっとも親しい友人たちに電話をし、髭を剃って身づくろいし、定められた手続きをとり、ゴミだしをさせるのである……。

テレーズは言った。「悲しみは、あとからやって来る」と。私はそれも承知していた。しかし、波が小石を持ち去るごとく悲しみが私を飲み込む前に、避けられないもろもろの雑事が押し寄せてきた。最初にしなければならないのは、三区の役所に死亡届けを出すことだ。「ぼくが出しに行こう」と弟のロジェが申し出てくれた。私からの電話に、彼は手助けしようと駆けつけてくれたのである。「いや、ぼくが行く。そんなに長くはかからないだろうし、役所も遠くないから」と、私は答えた。

その朝、戸籍課を訪れたのは、おそらく私が最初だったと思う。窓口の若い娘に、カトリーヌと私の身元、そして死亡状況を、まるで隣人に起きたことのように報告した。ひとつ間違えば無感覚ともとられ得るような悲劇に対するこの距離感は、べつに彼女を驚かせはしなかったように見えた。死亡証明書が作成され、彼女は立ち上がった。

「十部コピーしてお渡しします。たくさん必要になると思いますから」と言って。

私は彼女に礼を言って、家に戻った。帰り道で、フランスパンとクロワッサンとキャッツフードを買った。生活は続いていた。それが、その時の私に自覚できた、ただ一つのことだった。

テレーズは患者の世話があったので帰ったが、ロジェは残ってくれた。

玄関のインターフォンが鳴った。ギイ・ベアールだった。この誠実な友は、早朝のラジオでカトリーヌの死を知り、遠い郊外のガルシュから駆けつけてくれたのだ。途中で、見事な蘭の花を買ってきてくれた。彼はそれをカトリーヌの手の上においた。そしてベッドの足下で長い間、じっと静かに立ちつくしていた。彼の目は、表情などもう永遠に変わらない、年上の友人カトリーヌの顔に注がれていた。

その日一日、私は異常な状態で過ごした。

物音や声やざわめきは、白く濃い霧を通し、いつもとかなり異なった形で耳に届いた。私は長い間、この日のために心の準備をしてきた。そう、一月十四日から。だから誰に電話し、誰に来てもらい、いつ何をするかわかっていた。

午前七時になるとすぐ、フランス通信社と各テレビ局の編集部に電話した。友人のイヴァン・ルヴァイと周辺ラジオ局への連絡は、その時点で友人のジャクリーヌ・バルザックが引き受けてくれた。十時ごろ、ロブロ葬儀社の人が、話し合いをして私の希望を聞くため、やって来た。この葬儀社は、ロジェが薦めてくれた。私たちは葬儀と火葬の詳細について取り決めた。カトリーヌは、私たちそれぞれの父親と同じように、火葬を望んでいたのである。

私に間違いない誰かが、冷静に、葬儀と火葬に関する一連の仕様を検討し、フィガロ紙とル・モンド紙に載せる死亡通知を書き、真っ先に知らせなければならない友人のリストを作成していた。

娘のシルヴィは宗教儀式に関する件を引き受けてくれた。葬儀は、友人が主任司祭をしているトリニテ教会で執り行なうことにした。私に間違いない誰かは、シルヴィに全面的な信頼をおきつつも、式で朗読される聖書の文章や、歌われる賛美歌を一緒に選ぼうとしていた。

友人たちが、ある者は重々しい様子で、ある者は動転した様子で姿を見せた。情愛に満ちた彼らは、その場にふさわしい言葉をかけてくれた。それでもこのような場合、言葉はあまりにも無力だった。中にはまったく何も言わない者もいた。ただただうろたえた目をしていた。しかし彼らの抱擁には、大切な本心が表れていた。

私とロジェとシルヴィはキッチンで昼食をとったはずだが、何も憶えていない。電話がひっきりなしに鳴っていた。たいていはシルヴィかロジェが出た。私が受けた場合、滑らかで穏やかな受け応えをして、ことを深刻にしないよう気を配った。誕生や病気と同様、この世のごく普通で当然なこととして、死は生活に入ってきたのだから。カトリーヌにとっては今日がその日であり、私たちにとっては近い将来なのである。人生はそんなふうに流れていくものなのだ。

手続きや雑事の合間に、時々、カトリーヌが横たえられているベッドのそばへ行った。そして苦痛や苦悩から開放された、穏やかで美しい顔を眺めた。

実のところ、私が見つめているのはもうカトリーヌではなかった。この地上で彼女を包んでいた単なる肉体、私が三十三年間にわたってあんなにも愛したカトリーヌの単なる見かけにしか過ぎなかった。今までもずっと、人が鏡のあちら側に移るや否や、この世に残された身体はとるにたりない塵のような亡骸になってしまうのだと思ってきた。愛《いと》しい者たちは、私たちの想像を超えたどこか別のところで、非の打ちどころない、もっと幸せな別の生を享受《きょうじゅ》しているのである。消滅する運命にあるぼろぼろの身体にその人間の本質的なものなど何も残されていないと、私は信じている。

しかし、花を手向けようと墓を訪れ、諸聖人の祝日には墓地に出向いて名前の刻まれた墓石の前で黙祷する人々の気持ちも、十分理解できる。ひと時の悲しみを乗り越え、思い出を不滅にしようという立派な意思の表れだからだ。

とはいえ、おそらくそのような人は、死によって変わるのは人のおかれている状態だけであること、つまり、死とは状態の変化以外の何ものでもないということを信じていないか、十分に信じきれていないかなのだと思う。

彼らを動かしている死者への感情を、私は心から尊重している。しかし同じことをしたいとはまったく思わない。

私の考えでは（たぶん特殊な考えなのだろうけれど）、墓地に存在するものなど何もない。もちろん、死者に愛を抱き続ける人たちが墓地に寄せる思いは、また別の話だ（それだけでも、とても美しいことだとは思うが）。

私はあまりにも冷静過ぎるのだろう。それゆえ、墓地には何ものもいないという事実に（もちろんそこを住処《すみか》にしている猫たちは、確かにいることはいるけれど）、知らぬふりなどできないのだ。

私は、両親の墓にも姉の墓にも参っていない。先妻エリアーヌの墓はオルレアン近くのサン＝ジャン＝ド＝ラ＝リュエルにあるが、そこにも参ったことはない。息子アランは、ヴァランスからそう遠くない小さな村の墓地に埋葬されている。自殺を遂げた病院のすぐそばである。もうずいぶん前になるが、彼は死んでも、墓には墓碑も墓碑銘も何もいらないと言っていた。「土と草、日の光と小鳥たちだけでいいんだ」と。私は彼の言うとおりにしたが、その墓へは一度も参っていない。だいいち、「土と草」のその一隅、彼の肉体的痕跡がゆっくり土に戻っていったその一隅がどこだったのかさえ、覚えているかどうかあやしい。

しかし一九八一年九月十七日以来、アランはずっと私のそばにいる。コミュニケーションそのものは一度も持ってはいないが。おそらく彼も私も、それに対する心構えができていなかったからだろう。

しかしいかにも彼らしい、親切でいたずらっぽいハプニングは起きている。失せもの探しの手助けをしてくれるのだ。もう何年も前から続いており、カトリーヌはとても面白がっていた。

「いったい、あの書類、どこにおいたんだっけ」

「ヒステリックにそこいら中をかき回すより、アランに頼んだほうがいいわよ」

「きみの言うとおりだ。ねえ、アラン、お願いだから、あの書類を見つけてくれよ」

その直後、書類は突如として目の前に現れるのである。それはパイプの時もあれば、鍵束のこともある……。目の前か、あるいは論理上それがあるべきはずの、まさに当の場所で見つかるのだ。しかも、ほんの少し前、その場所を探した時には間違いなく見つからなかったというのに。一度きりではない。十回も二十回も三十回も起きている。そのうちそれは、誠実に対処しなければならないにしても、ほとんどゲームのようになった。自分自身で十分に探したあとでなければ、助けを求めてはならない。それがルールだ。

最初、カトリーヌは少々懐疑的な態度を示していた。しかし明白な事実を前にして、ついには義理の息子の親切を頼るようになった。図に乗って頼み過ぎることもあるほどだった。証人は大勢いる。十年間我が家のお手伝いさんだったエレーヌがそうだし、クリスチーヌ・ファブレガはゴルドの家に滞在した時、目撃している。我が家に手帳を忘れたブノワ・イゾルニもそうだ。彼ら以外にも、どれほど多くの目撃者がいることか！

「私はもっとうまくやってみせるわね」と、カトリーヌはかつて約束してくれたものだった。『旅立ち後のこと』について、私たちはしばしば話し合った。五月中旬、勝負はすでについたと、カトリーヌは悟った。それに抵抗した短い期間に続いて、安堵と不安が彼女に訪れた。

安堵は、苦痛からやっと逃れられるという思いによるものだった。モルヒネの大量投与でかなり和らぐとはいえ、苦痛は執拗につきまとっていたのだ。

不安は、伏兵だらけの日常生活との戦いに、私一人を残していくことだった。「あなたはきっとうまくやっていけないわ」と彼女は言った。実際、我が家の現実的な事柄は、すべて彼女が引き受けていた。それらを彼女に委《ゆだ》ねていた理由は二つある。

一つは、七十六歳だった当時、私は執筆の仕事以外に、セコディップを含むいくつかの会社の重要な職責をまだ負っていたからだ。そしてもう一つは、日常生活に関するあらゆる領域において、彼女の能力のほうが私よりはるかに勝《まさ》っていたからだ。

最高の仕事をしてもらうためには、誰に頼めばよいかを彼女は知っていた。生地、材木、金属、修理、革、装飾、インテリアに関して、およそ知り得ることはすべて熟知していた。電気回路網を敷設し、不良な配管を修理し、壁を作り、垂木にペンキも塗った。彼女は根っから手先が器用で、日曜大工が得意だったのである。その知識といったら無限だった。彼女に比べれば、私などまったくの無能だ。

彼女は私に、大きな手帳を買うように言った。必要な住所と、さまざまな作業のやり方を書き留めるためである。例えばLの項には「洗濯機（Lave-linge）」と記されている。そこに、彼女の口述を受けて、私は以下のようにメモしている。

《1・カップに「スーパー・クロワ」（白い物の場合）あるいは「アリエル・カラー」（色物の場合）を一杯入れる。2・カップを洗濯機の中心にセットする。3・作動させるために左から三番目のボタンを押し、そのまま針が「洗濯」を指すまで押し続ける。洗濯物がそれほど汚れていない場合は、4番をセットする（汚れている場合は、1番をセットし、下洗いすること）4・洗濯が終了したら、1のボタンを押して洗濯槽を開ける（もしウールを洗う場合は、左側の引き出し

に規定量の「レノア」を加え、ボタン2を押して「やわらか物洗い」を選ぶこと）》

Eの項には「キッチンの流し（Evier de la cuisine）」とあり、次のように記されている。

《排水管が詰まった場合、外側の木枠を外せば配管が見える。クロード・マレに教えてもらった造作大工マルサックに修理を依頼すること。電話は45－97－04－07（彼が回転式本棚を修理してくれた）》

他もすべて、同じような形式で記載されている。

「問題を抱えて途方に暮れたら、私に頼んでみて」と彼女は言った。

「でも、どうやって助けてくれるつもりなの？　きみはもういないんだよ！」

「いるわよ。私は決してあなたを見捨てたりしない。困っているあなたを放っておいたりはしないわ。わかった？　困ったちゃん」

でも、どんなふうにして助けに来るというのだろうか？　二人とも、はっきりしたことは何もわからなった。しかし、看護師が帰り、夜間付き添い人が姿を見せるまでの間、しばしば二人で話し合った。

「肝心なのは、それを望み、信じることなの。あなたも私もね」とカトリーヌは言った。

ミミを膝にのせてリビングルームに座った私は、かつて交わされたそれら夜の会話を、まるでスローモーションフィルムでも見るように頭の中で思い返していた。望み、信じるだけで十分なのだろうか？　一日中現実的な雑事で埋め尽くされていた一九九四年六月四日、私からはすべての希望が消え去っていた……。この日、最後に我が家を訪れたのはゴマ博士だった。カトリーヌも私も彼が大好きだった。しばらく話したあと、急に彼が言った。「袖を捲《まく》り上げてください。血圧を測りましょう」と。

私はちゃかして言った。

「それなら、言ってみせましょう。いつもどおりの一四と八」

彼は、血圧測定器のベルトを緩めると、首を振って言った。「いや、二十二と十八です。いつもどおりなんかじゃありません」彼は処方箋を書いた。「二十ミリグラムの降圧剤を、できるだけ早く一錠飲んでください。あとは毎朝一錠ずつです。心臓専門の主治医のところへも、行ってくださいよ。ぐずぐずためらったりせずにね。まだあなたには、カトリーヌのためにしなければならないことがあるのですから」と。

望み、かつ信じる……。合唱隊の歌がトリニテ教会の丸天井の下で響き渡った時に宿ったあの確信について、私はいつまでも考えをめぐらせたものだった。

教会は喪服で埋め尽くされていた。彼女はなんと愛されていたことか！　楽しい時も辛い時も友人だった人々が、皆集まってくれた。式が始まる少し前、私は彼らのところへ行った。そして差し出された手を握り、涙にぬれた彼らの顔を優しく撫《な》でた。ミサのあと、棺《ひつぎ》を取り囲んで祈る前に、私は彼らへ感謝の言葉を述べた。

「彼女は意志の人であり、勇気の人であり、美の人であり、そしてなによりも生そのものでした。

皆さん、悲しまないでください。彼女はかつてないほど生き生きした存在になったのですから。今この時も彼女は私のすぐそばで、最後の旅立ちを見送ってくださる皆さんに感謝しています。私たち二人は、皆さんを心から抱きしめます」

二時間後、私は二人の兄弟と共に、ペール＝ラシェーズの火葬場で、カトリーヌお気に入りの看護師テレーズとアンヌ＝マリーに再び出会った。墓地は六月の強い太陽の下にあって、少しも悲しげではなかった。番が来るまで、私たちは一緒に墓地をぶらぶらした。とっぴな墓、立派な墓、醜悪な墓。それらは絶望的な悲嘆を表す、心揺さぶるしるしだった……。

「彼女はぼくを見捨てて逝ってしまったりしないって、約束したんだよ。ねえ、テレーズ、信じられるかい？　それを望むし、信じてるって、彼女は言ったんだ……」

「もちろんよ！　望んで信じなければならないのは、フィリップ、あなただって同じよ。各自が半分ずつ歩み寄らなきゃだめなの。私は、大好きだった父が亡くなった時、それを知ったわ」

しかしその夜、救いがたいほどがらんとしたアパルトマンで、付き合ってくれたのは静寂だけだった。そう、耳を聾《ろう》するほど絶対的な静寂だけだった。

確かに、私たちは多くを期待し過ぎ、多くを夢見過ぎたのだ。あんなにも恐れていたこの孤独。学び始めたばかりだというのに、私にははっきりとその意味が理解できた。

** 2 カトリーヌのささやき

激しい一撃のような辛い試練は、誰が真の友かを調べる適切なテストだ。ありがたいことに、私の場合、真の友人に不足はなかった。愛情に満ちた彼らは、私に取りつき包囲している目もくらむような空虚さを、できる限り埋めようと努めてくれた。

例外は三人だけだった。長年にわたってつきあってきた彼らとは、会うたびにきわめて純粋な友情の証《あかし》を、互いに惜しげもなく与え合ってきた。しかし今回、彼らは電話で、あるいは悔やみの手紙で、あるいは葬儀への出席という形で、気持ちを示す必要があるとは思わなかったようだ。私はすぐに住所録から名前を抹消した。

それ以外の真の良き友は、その存在意義をみごとに示し続けてくれた。パリの友人も、リュベロンの友人も、そしてもっとずっと遠くにいる友人も。この呪われた一年を通し、彼らはすでに、辛い試練の各段階でカトリーヌをやさしく包み込んでくれていた。

アプト病院でもそうだったし、サン＝ジョゼフ病院やアルマ病院でもそうだった。夫と猫たちのいる本拠地に連れ戻そうと私が決心してからは、温かい心遣いで我が家を見守ってくれた。見舞ってくれたりメッセージをよこしてくれたりしたことが、くじけず不幸に立ち向かい万難と闘おうとしていた私たちをどれほど力づけたか、彼らは気づいているだろうか？　絶望しないよう、なんとか踏みとどまっていた時にかけられた一言が、私たちの心や魂をどんなに奮い立たせてくれたか、彼らは気づいているだろうか？　もし人間の質を周囲の友人という尺度で測るならば、カトリーヌは間違いなくピラミッドの天辺に立つだろう。

彼らの手は、いまや私に向けて差し伸べられている。「いつお昼を食べに来る？　明日なんか、都合はどう？」と。

かくして私は、毎日毎日、友人たちと共に食事することになる。ド・ラ・ボーム家で。『タベルヌ・アルザシエンヌ』ではヴォシェ夫妻と共に。街の反対方向にあるジャン・ミシャロンのところではマリー＝フランスやオリヴィエと共に。ニニ・モローとロジェ・コラルの素敵なレストラン『エミール』で。パシーのクロード・シルヴァンのところでは彼女の犬たちや猫たちに囲まれて。モンパルナス大通りのステラ・バラルのところで。ラジオ・センター近くのジャクリーヌ・バルサックのところで。ベルシャッス通りのビオ家で。あるいはブルゴーニュ通りのガラルディ夫妻のところで。十七区の果てにあるシェスネ家で。ヌィイのニコル・ウィルクのところで。ローザンシェ家の美しいパリ風の庭で。モンテーニュ通りにほど近いレイ家で。フォッシュ通りそばのパルチュリエ家で。ドミニク・ルショーの新しい住まいで。ブランクール家ではボニエ夫妻と共に。ヴァレリアンの丘に面したミシェル夫妻の家で。アンヌ・ドゥルーズの家ではジャン・アマドゥーやジャック・マイオーと共に。クリスチアン・バルベの家では商工業銀行関係の友人全員と。才能あるギィ・ブルトンの家で。パリ最高の居酒屋では、ピエール・クロステルマン、ジャック・フェザン、ピエール・ピカール、イヴォンヌ・ピュオー、ラファエル・ナウム、シャルル・リブマンたちが、私を豪勢にもてなしてくれた。

「悲しみは後からやって来る」と、テレーズは言った。

確かに悲しみはやって来た。そして執拗につきまとい、胸を引き裂いた。癒すすべなどなかった。あまりの悲しさに神の存在すら信じられなくなりそうだった。しかも、カトリーヌからは何の合図もなかった……。

幸いなことに、友人たちが、夕食を共にしたり、夜のパーティに呼んだり、会って話したりと、立ち直るための得難い機会を提供してくれた。彼らは私と会う役を引き継ぐため、毎日打ち合わせていたのではないかと思うほどだ。なぜなら、三週間というもの、家で二度食事した日など数えるほどもなかったのだから。

私はまた、この大いなる別れがもたらした多くの雑事に忙殺されてもいた。多種多様な出費の支払い、銀行口座のチェック、洋服ダンスとクローゼットの整理、食料品など必需品のストック補給等々。とりわけ手紙を書くために、多くの時間が必要だった。深い思いを寄せてくれた友人たちに、感謝の手紙を送った。アンジェのブジョー司教の手による信仰と希望のメッセージ、そしてカトリーヌのとても美しい写真二枚を添えて。写真は、かつてジャン・ミシャロンが撮影したものである。彼は仕事場『スタジオ・アルフォ』で、私のために二百枚もプリントしてくれたのだ。

ゴルドに発《た》つ準備もしなければならなかった。猫たちから幸せを奪うわけにはいかない。自由に出歩き、野ねずみを追いかけ、森林のうっとりするような匂いを鼻いっぱい吸い込む幸せを。しかし、ゴルドでの日々を想像すると心が揺れた。

パリのアパルトマンでは、一人の時がしばしばあった。例えば、毎夏のゴルド滞在中も、セコディプの仕事で定期的に四日、あるいは一週間ぐらいの期間、戻らなければならなかったからである。カトリーヌの長い入院中も、パリの我が家で一人だった。しかしゴルドではそばにいつも彼女がいた。ゴルドのすべてには私たちの睦まじさと共通の好みが深く刻みこまれている。

なにもかも二人一緒だった。土地を選び、家を設計し、家具や家庭用器具を購入し、インテリアを整え、レスタンクの花壇の端に何キロにもわたって縁石を敷き、植物を植えつけ、プールを作り、植木を剪定《せんてい》し、すぐ近くの森を散歩した……。

ゴルドのいたるところでカトリーヌを感じてしまうだろう。家の隅々にも、ほんのちょっとした室内装飾にも、小道の曲がり角にも、二人で築いた石塀の石一個一個にも——「それじゃなくって、横の大きいほうの石にしてよ」って彼女は言ったっけ——園芸家から買ってきて手入れしながら成長を見守った何気ない植物にも、カトリーヌを感じずにはいられないに違いない。カトリーヌがアプト（と言ってもすぐそばなのだが）の医療センターに入院していた短い期間を除いて、共に選び、愛したリュベロンのこの一隅で、私たちはいつも一緒だった。離れ離れになど決してならなかった。

私にとって愛するとは、共有するということである。三十三年間にわたって私たちはすべてを共有してきた。よい時も悪い時も、成功も失敗も、毀誉褒貶《きよほうへん》も、旅も景色も。アイルランドの薄紫色の丘、次から次へと続くプリドヴィッツェの湖、美しさに満ちあふれたマルティニック島、ジブチの砂漠、コモロの星月夜、目くるめくニューヨーク、ケベックの秋、パリの春……。

でも、今は誰に言えばいいのか。

「早く、見においでよ。太陽が沈むよ！……フクシアが咲いたの、気づいた？……カマルグにちょっと行ってみないか？……」と。

もう、何に対しても決して興味を持ちはしないだろう。もう、何も面白く感じたりしないだろう。どう考えても、カトリーヌ抜きで、私たちのリュベロンに戻るなんてできそうにない。

しかしそれでも、行かなければならない。まず、ミミとルルのために。そして、戻って来るよう、しつこく繰り返している彼《か》の地の心温かな友人たちのためにも。それになんといっても、カトリーヌの思いがこもった家を打ち捨て、草ぼうぼうの虫食いだらけにするわけにはいかない……。

私の乗り気のなさ以外にも、問題はまだあった。猫の入ったバスケットを後部座席に置き、トランクに鞄を詰め込んで、八百キロという長旅をどうやって乗り切ればいいのか。故障したり事故にあったりしたら、いったいどうなるだろう……？

「フィリップ、一人で発っちゃだめ」

その瞬間、持っていくもののリストを作っていた私の手は、宙で止まった。

言葉は、非常にはっきりと私に届いた。しかし同時にひそやかなものでもあった。まるで頭の片隅に忘れられていた言葉のように。

私はその続きを待った。しかし、何も起こりはしなかった。

歯止めの利かない想像力のなせる業《わざ》なのだ！　このような状態の時、彼女が言いそうなことを無意識に表現したのは明らかにこの私だ。いつかは彼女との間にコミュニケーションがとれると、私は確信していた。互いに約束しあっていたとおりに。にもかかわらず、私のなかの論理的な部分がこの確信を周期的に揺るがせていた。

私は神秘主義者でもなければ、空想家でもない。それは友人すべてが認めている。確かに私はクリスチャンだ。しかし、少々単純な自己流の信心であって、教会の定めをきっちり守るような信者ではまったくない。

私は神の存在を疑ってはいない。とはいっても、信仰を持っているとも思えないのである。なぜなら、信仰を持つとは、いささかの証拠もなしに、頭から信じることだからだ。

私はといえば、神の存在を示す証拠を至るところで目にしている。愛猫たちの非の打ちどころない美しさの中に、大理石の縞模様の中に、椰子の木の優美さの中に、じっと見つめる犬のまなざしの中に、天空を満たす無限の日の光の中に。私たちを取り囲むすべてのものが、想像を絶するほど知的な創造者の存在を証明している。

分子がいくつかあやふやに集まり、そこからものが生じたなんてありえない。それは明らかだ。だいいち、百歩譲ってそれを認めたとして、いったいその分子はどこから生まれたと言うのだ？

無から生じただって？　ばかばかしい！

しかし神が存在し、その神こそがまさに宇宙やその構成要素や物質や被造物の疑う余地なき創造者であるならば、神に不可能などない。天地創造という神業をやってのけたのだから、ローマ帝国の征服活動中にちょっと『自分』の地球にやって来ることも、天上に戻る際、自分の墓石を指で軽くはじいて倒すことも、まったく容易であろう。同様に、蝶やバラを作るより、パンを増やしたり、イナゴを降らしたりするほうがずっと簡単だと、私は思う。

私はまた、死後にもう一つ生があることも確信している。

偉大なる芸術家の名にふさわしきすべての者と同様、神もきっと無駄が嫌いだろう。人間がどんどん作り出すものに対し、神は手を出さない。正しい行ないをするか、はたまたばかなことをするかの選択は、賢明にも、人間自身に任せているからだ。清算はあの世で行なわれる。

しかし、知性や感性や活力が、この極めて小さな地球上でのほんのわずかな滞在期間中にしか発揮されないで塵《ちり》に戻ってしまうなんて、神にとってはまさに無駄以外の何ものでもないに違いない。そうであるならば、いくたりかの死者は、生きている人間とコンタクトを取り続けると考えても、さほどおかしくないのではないか。未完成の仕事を他者の手によって良き結末に導くために、あるいは悔やんでも遅い過ちをなんとか埋め合わせるために、あるいは破滅の道を歩む魂に、ほんのわずかな希望をそっと吹き込むために。

私はそんなことをしばしば考えていた。しかし人間とは、本来疑い深いものである。聖トマスのように、心の奥底ではすべて確信しているにもかかわらず、数学的な証を欲しがる。

私は占星術も、タロット・カードも、手相も信じてはいない。トランプ占いや、花占いや、コーヒーの出しがら占いなど、もっと信じていない。透視能力を持つ占い師の予言ときては冷笑の対象でしかないし、概して、自分の目で見たことしか信じない。あの世とのコミュニケーションを築くには、確かに適切とはいえない性格の持ち主である。

その夜、サンチョ・パンサはドン・キホーテに勝った。「フィリップ、一人で発っちゃだめ」という短い言葉は、パリからゴルドまでの長い一人旅の不安と危険に思いをめぐらせていたために生じた、単なる想像の産物だと結論づけた。

カトリーヌからの忠告などではなく、純然たる分別が引き起こした私自身の反射的思考に過ぎないとは納得していたが、いずれにせよ一人で出発しないというのは正しい選択であり、それに従うべきだと、私は判断した。

同行者を見つけなければならない。それも早急に。シルヴィはすでに中国旅行を予定していた。幼年時代からの夢を果たすために。しかも、大きな変化を遂げている彼《か》の地には、都市計画家として受けた高等教育と経験を生かせるかもしれないチャンスがあった。しかし、ゴルドまで同行し、二日ほど滞在するために、出発を数日延期することは可能だった。これ以上望ましい連れなどあり得ようか！

七月八日の朝、私たちは荷物をゴルフに積み込んだ。

どこへ行こうとしているかすでに察知していた猫たちはとても興奮し、パリに置いてけぼりになることを恐れてあっちの鞄からこっちの鞄へとうろうろしていた。私はベルトつきファイルの中に、銀行取引明細書、通帳、そして領収書や請求書など、必要となるかもしれない財政関係の書類を収めた。もう一つのファイルには所有権に関する書類をすべて入れ、三番目のファイルには、もらっておきながらまだ返事していない手紙を入れた。そしてそれらすべてを書類保管箱にしまい、蓋《ふた》を閉めた。差し迫った出費が生じてもカヴァイヨンにある銀行まで走らずにすむよう、一万フランの現金も用意した。

道中、特別なことは何も起こらなかった。幸いにも雲が出て太陽をさえぎり、猫たちを暑さ攻撃から守ってくれた。リヨンを過ぎると、半開きにした窓からミストラルが吹き込み、この季節にしては珍しい涼しさをもたらしてくれた。車をとめたのは、オランジュあたりでガソリンを満タンにした時だけだった（代金は百七十フランだった。ガラス張りのステーションにいたサーヴィスマンは、私の差し出した二百フラン札にうっかり五十フランの釣りをくれた。私の返した二十フランを見て、彼はうれしそうな驚きを見せた。それはチップとしてポケットへ収められたに違いない）。

夕方早く到着し、家の前に車をとめた。私はシルヴィに言った。

「荷物は車から出すだけにして、今夜はそのままにしておくよ。家にあるものでちょっとした夕食をこしらえ、それを食べて元気をつけたら、寝ることにしよう。あとは明日だ」と。

私たちが働いている間、自然に放たれた猫たちは喜びに酔いしれていた。へとへとになってやっと戻ってきたのは、消灯の時刻になってからだった。

翌朝、まずゴルドで、新鮮な果物と野菜を少々買おうと考えた。面倒な荷物整理に取りかかるのはそのあとだ。我が家から県道十五号線へと続く坂道を車で下っていた時、シルヴィが叫んだ。

「小切手帳の入ったバッグを、部屋のテーブルの上に放って来ちゃった。猫たちのために戸締りしていないから、ちょっと心配だわ。取りに戻ろうかしら。それほど時間がかかるわけでもないし」

「確かにそのほうが賢明だね。ぼくのも保管箱から出して持って行くよ。何が起こるかわからないからね」

シルヴィのバッグはもちろんあった。しかし、財政関係の書類を入れている私のベルトつきファイルには、他のすべてがそろっているのに、小切手帳だけ、どうしてもみつからなかった。突然、思い出した。その前日、パリで私は二枚の小切手を切った。一枚はフランス・テレコム用に、もう一枚はフランス電力・ガス公社用に。それから、無意識で、目の前にある巻き込み式のふたがついたライティングデスクの小引き出しに戻したのである（習慣とは恐ろしいものだ）。古い手帳がじゃまして、引き出しが閉めにくかったことさえはっきり思い出した。仕方がない。誰かに連絡するしかない。

買い物を終えてから、私はロジェに電話した。

「煩《わずら》わせて申し訳ないが、頼みごとがひとつある。デスクの真ん中の引き出しに、小切手帳を入れたままで来てしまったんだ。明日の朝、鍵を持っているお手伝いさんが掃除に来るから、取りに寄って、郵送してくれないかな？」

「わかった、それくらいどうってことないよ」

それから、私はシルヴィと鞄を広げて洋服をハンガーに吊るし、家具を雑巾で拭き、猫たちに餌をやり、庭椅子をテラスに出した。昼食後には日光浴をしてくつろいだ。今回のアクシデントに対して比較的冷静であることに、われながらほっとしつつ。

その時、私はちょっとした挑戦に出たい気分にとらわれ、カトリーヌを呼んでみた。彼女のかすかな影が、確かにあたりをさまよっているような気がしたからだ。

「キャシー、郵送される小切手帳が心配なんだ。途中でなくなるかもしれないし、盗まれる危険性もある。お願いだから、小切手帳を私の手に戻しておくれ」

なぜだか、次の瞬間立ち上がっていた。そしてなぜだか、車のほうに向かっていた。荷物をすべて出してしまった空っぽの車には、何の用もなかったのに。

そのうえなぜだか、うしろのドアを開けた。いつも運転席に座るので、うしろのドアなど開けもしないのに。

小切手帳はそこにあった！

運転席と後部座席の間の床に……。

今朝、小切手帳が入っていないと気づくまで、出発以来、ベルトつきファイルなど一度も開けなかった。書類保管箱さえ、一度たりとも開けていないのだから。だいいち、書類保管箱はトランクの中にあったのだ。ガソリンは現金で払った。小切手は控えを見れば明らかなように、前日、確かに切っている。それから、引っかかっている引き出しをきちんと直し、小切手帳をしまったのだ。その自分の姿を、私はまざまざと覚えている。

疑いようなどまったくなかった。一分前、小切手帳はパリにあった。そして今は車の床にある。証人だっている。シルヴィだ。うれしそうにくだんの小切手帳を振り回しながら戻った私を見て、彼女は声を上げた。

「あら、私は驚かないわよ！」と。

待ち望んでいた彼女からの合図が、目の前にあった！　それは火を見るよりも明らかだった。ついにもたらされたのだ！

それ以来、すべてが変わった。とはいっても、一挙に変わったわけではない。まず家の中で、そして森と草地からなる三ヘクタールの敷地で、カトリーヌの霊的な存在が感じられるようになったのである。思い出と孤独の悲しみに独りぼっちで向き合わねばならないと、あんなに恐れていたこの場所で。

そのおかげでなんでも難なくこなせた。カトリーヌと造った丘の小道をミミにまとわりつかれながら歩きまわることも。二人で前の年に刈り込んだワタスギクの生えているレスタンクの雑草抜きをすることも――「それじゃ、刈り方が足りないわ。私のやり方を見て。枝まで刈らなきゃだめなのよ！」とカトリーヌは言ったものだ――。プチジャンに電話して、プールに水をはり、泥棒を恐れてカトリーヌが毎年取り外させていた複雑で高価な装置を再設置してもらうことも。植物に水をやり、さらには崩れた石塀をやり直すことさえ耐え難いものではなくなった。彼女がそばにいなければ、なにもかもどうでもよかっただろうし、そのままの状態に打ち捨てておいたことだろう。

とはいえ、言葉を交し合ったわけではなかった。彼女に話しかけてはみたが、答えはなかった。それにもかかわらず、『合図』を受けて以来、彼女の声を聞くか、あるいは何らかの形で彼女からのメッセージが感知できるかもしれないという希望は失わなかった。

そうこうしているうちに、友人たちが泊まりにやって来るようになった。今までの習慣は一切変えないと、私は決心していた。それゆえ、毎年招待していた人たちに手紙や電話で連絡したのだ。カトリーヌと私は、そちらの都合のよい日においでくださることをお待ちしていますと。

かくして、よき友人たちが姿を見せ始めた。クロード・シルヴァン、ジャン・ミシャロン、ニニ・モローとロジェ・コラル、ジャック・グランシェ、そして弟のロジェとマーガレットが。長女のドミニクも二週間のヴァカンスを過ごすためにやって来た。

　私には感じられた。我が家にいる彼らを見て、カトリーヌは喜んでいると。彼女は、再会の場に立ち会っていた。しかし、彼女との会話を試みることは希《まれ》になった。食事のしたくは、かなりの腕前だと自負している料理好きの私がしていた。当然、買い物係も私の担当だったので、その結果、彼女と二人きりになる時間がほとんどなくなったのである。しかし皆一緒に、楽しくやっていた。なんと、カトリーヌがあたりにいると感じていたのは、私だけではなかった。ニニは何度も言ったものだ。

「今、ここに彼女がいるわ……。ご機嫌でね」と。

　時々、夕方になると草原まで下りて行った。その木立の一隅には、カトリーヌと二人で片付け、崩れた古い石壁をちょっと直し、快適な腰掛になるよう小さな石積みをこしらえた場所があった。私たちはそこを『リビングルーム』と呼んでいた。なぜそう呼ぶようになったかは、「神のみぞ知る」だ。

　ミミとルルはそこが大好きだった。そこへ向かおうとするや否や、彼らは私につきまとった。そして私のそばの石垣の上に座るか、あるいは白柏の低い枝に登った。そこでは、他のどこよりもカトリーヌの存在が感じられた。その場所を整える作業はとりわけ骨が折れたし、二人で力を注いだからだろう。なにしろ、鋸で枯れ木を三本倒し、杜松《ネズ》の木を剪定《せんてい》し、苔の生えた石全部をうまく組み合わせてはめこみ、ハリエニシダを根絶やしにしたのである。猫たちのそばに座って、彼女に翌日の予定を話した。

「明日はクロードをルシヨンに連れて行くよ。ラコストを通って戻るつもりだ。ランチはドゥヴェの店『シミアーヌ』でとろうかな。一緒に来るかい?」

彼女がこのスケジュールに賛成している確信はあった。しかし彼女からの、はっきりした意思表示はなかった。

ある夜、友人たちが寝室に引き取ったあと、帰って来そうもない猫たちを待ちわびて私はテラスでぐずぐずしていた。その時、彼女に声をかけられたような気がした。

「夜、猫たちを出したままにしちゃだめよ。この時期は、狐が出るんだから」と。

カトリーヌはいつも猫たちのことをひどく心配していた。危険は存在する。それは確かだ。野良犬、猪、狐、ムナジロテン、アナグマ、イタチは日暮れとともに狩を開始する。ウサギの代わりに、おチビのルルが捕まってしまうおそれだって十分ある。しかし夜は猫にとっても絶好の遊び時間なのだ。愛猫たちからそれを奪うなんてできようか?　危険の伴わない自由などないのだ……。

このような言い争いは、以前からしばしば繰り返されていた。今回も、まるでフェンシングの試合で剣を交えるように、それぞれの論拠を言い合った。

「猫たちは一日中外にいるのよ。それで十分だと思わない?」と、彼女は言った。

「きみが思っているよりも、ずっと近くまでしか行っていないんだよ。ぼくが保証する。二匹とも、家の周りの非常に限られた範囲内を動いているだけなんだ。彼らの狩場がタイムの原っぱを越えることなんか、まずないんだよ」

「ミュールに向かう道で見つけた夜があったじゃない……」

「規則あっての例外さ。それに夜間になると、あの道を通る車なんてほとんどないんだし……」

突然、この会話は自分の想像力がぽこっと生み出したものだと、私は確信した。自分で質問し、自分で答えているのだ。私はカトリーヌをとてもよくわかっていた。何を心配し、何を嫌がり、何を好むか、熟知していた。だから、昔の習慣的な会話の内容をこだまのように自分の中でやり取りするなど、何の苦もなくできた……。

また私の中で、理性論者が絶望者の希望の光を容赦なく吹き消した。間違いなく彼女は『合図』を送っていた。しかし小切手帳の一件はあまりにも常軌を逸したものだったので、その真実性が信じきれなかったのである。こんな話、誰が信じるというのだ？　小切手帳は、パリで車に食料品の冷蔵バッグを積み込んだ時、ジャケットの内ポケットから落ちたのだろうか？　デスクの引き出しに戻したという私の確信は、何度もその動作を繰り返してきたことによって生じた、ただの錯覚なのだろうか？

いや、やはり違う！　身体が楽なように、荷物を積み込む時も、道中も、私はずっとトレーニングウェアで過ごしたのだ。そもそも、トレーニングウェアの小さなポケットに、小切手帳など入るわけがない。二つ折りの札なら楽々と入るだろうが……。どう考えても違う。『合図』を疑い得るような歴然たる理由など何も存在しない。しかし、『想定』会話については、話は別だ。さしあたりこれ以上考えるのはやめて、成りゆきを見よう。客観的かつ曇りのない目で。

もっとも、しなければならないことが毎日たくさんあるので、物思いにふけっている暇などほとんどなかった。

滞在中の友人と共に、あるいは私一人だけで、再びゴルドの仲間たちから招待を受けるようになった。

我が素晴らしき隣人リヴォー夫妻、私たちのような移住組みであるガブリエル夫妻、この夢の地を見つけるに際して大いに手助けしてくれたロジエ夫妻、二十四匹の猫と暮らすジャクリーヌ・サン・セヴリノ、その見事な所有地にゴルドの名士連を集めてパーティを開くナア夫妻、グルの断崖の上に家を持つル・ロラン夫妻、アンベール家で暮らすジャニー・ルヴェル、電気器具販売業界の大物ジャン＝ポール・アンベール、ヴェルサイユ宮殿で維持管理の仕事をしているデュモン夫妻、庭仕事の得意な奥方を持つわが市の市長モーリス・シャベール、魅力的なドミニク・コーンウェル、それにモートン・ホルヴィック、マリー＝アントワネット・フイアン、オーランス夫妻、夫婦ともども財政の専門家として国際的に知られているクリュール夫妻、ブリュッセル委員会アフリカ担当代表であるガブリエル・フォン・ブロコウスキー、ヴァゼイユ夫妻、オスタルリッヒ夫妻、ブデ夫妻、ルヴェル夫妻等々から……。

ゴルドでは、しょっちゅう互いに招き合っていた。

いうまでもなく、夏はとりわけ行き来が激しかった。その親交は温かくはあっても、押しつけがましいところはまったくなかった。

元気がなくて行かなかったり、よそに行ったり、その夜は出かけたくなくて断ったりしても、気分を害する者など誰もいなかった。すべてがきわめてシンプルだったし、面倒などまったくなかった。最後の最後になって出席を決めることもできれば、娘を連れて行ってもよかった。早めに帰るのだってオーケーだ。私がカトリーヌの話題を持ち出すと、彼らはこの上もなく巧みにそれに応じた。そしてカトリーヌへの深い愛情や、大きな賞賛を尽きることなく口にするのだった。

彼らのそばにいると慰められ、穏やかで静かな気持ちになった。それにしばしば、笑うという行為を私に思い出させてくれた。そのすべてについて、彼らにはほんとうに感謝している。

しかし、カトリーヌとの『コンタクト』を打ち明けることは、まずなかった。『狂信者』と思われるのが、ひどく怖かったからだ。

「かわいそうなフィリップ……。悲しみのあまり頭がおかしくなったんだ。声が聞こえるなんて……。ジャンヌ・ダルクじゃあるまいに……」

もちろん、それは非常に優しげな調子で口にされるだろう。大きな同情をこめて……。

ルネ・ガブリエルとアニー・ロジエには、秘密を打ち明けた。彼らは疑いなど持たなかった。

もう一人、私を驚かせた友人がいる。ドミニク・コーンウェルだ。彼女のもてなしはいつも非常に素晴らしいのだが、そんなある夜、洋梨が出たあと、チーズが供されるまでのわずかな間、私は席をはずして庭園灯の光に包まれた庭を少し散歩した。帰るためにいとまごいをした時、彼女はそっと耳元でささやいた。

「夕食の途中であなたが立ち上がるのを見たけれど、カトリーヌとおしゃべりしに行ったんだって、私にはすぐわかったわよ」と。まさに彼女の言うとおりだったのだ……。

八月二十六日、ロジェはパリに、そしてイギリス人の友人マーガレットはマンチェスターへと、それぞれ帰っていった。私は二ヶ月ぶりで独りぼっちになった。

立て続けの来客は、いわば不幸の神を追い払ってくれる存在だった。生きる喜びを取り戻させてくれたわけではないが、生を受け入れる手助けにはなった。それだけでも、私にとってはとてもありがたい存在だった。

夜、夕食がすんでから、雛壇式庭園を通ってプールまで上っていくのが、私の習慣になっていた。その高みからは谷と山のさらに美しい眺めが望めた。

夜の青みがかった靄《もや》が起伏に富んだ景色を包み、その靄のあちこちで家々の灯が点々と光っていた。

私は投光器のコンセントをさし、プール・ハウスのデッキチェアに寝そべる。いつもどおりミミとルルもついてきた。彼らもこの場所、この景色、星から降りそそぐこの深い静けさを愛していた。ミミは膝の上で寝そべっていた。軽業師ルルは、私の頭上の屋根に飛び乗り、その小さな足で瓦の上を駆け回っていた。その時、私は聞いた。

「ダーリン、大丈夫?」という声を。

私は飛び上がった。『ダーリン』だって! カトリーヌは、この上なく愛しいと思う時、私をそう呼んでいた。しかし、そんなことなんて完全に忘れていた……。もう疑いようなどなかった。今話しているのは、まさに彼女自身である。私の想像力のなせる業なんかではない!

突如として深い喜びが身体いっぱいに広がった。コミュニケーションできたのだ! カトリーヌは約束を守った。すべてが正常に戻るのだ。

今や、彼女の存在はほとんど肉体的なものとして感じられた。すぐそばにあるもう一つのデッキチェアに寝そべり、私を見て微笑んでいる。彼女は頭を上げ、屋根にいる猫の、鳥のような足取りを見張っている。肘掛越しに、私へ手を差し伸べさえしている……。

ものごとはあるべき元の場所に戻った。別れは取り消されたのだ。

私は幸せといってもいいような日々を過ごした。では、この最初のコンタクトによって、私の疑いや疑問のすべては一掃されたのだろうか? いや、そうではなかった。残念ながら……。彼女の言いたいことが強くはっきりと届く時もたまにはあった。しかしほとんどの場合、聞きたいと思っている言葉を自分自身で語っているのだと、私は相変わらず考え続けていた。お決まりの疑い深さがすべてを台無しにしていた。

ある朝私は、それらすべてについて論理的ではっきりした説明を受けた。とてもよく眠ったあとであり、感性は完璧に研ぎ澄まされた状態にあった。

テラスに座ってリュベロン山脈の雄大な眺望を前にした私は、単なる気晴らしで耳をそばだてみた。すると次のような声が私に届いた。

「正真正銘、私があなたに話したことと、私ならこんなふうに言うんじゃないかとあなた自身が想像していることを区別するのに苦心しているようね。無理もないわ。私の言葉は鼓膜を通して聞こえるわけじゃなく、直接脳に届いているんですものね。で、脳で私の言葉は何と出会うと思う？　あなた自身の言葉よ。ちょうど操作場みたいなもので、ちょっとした混乱が生じているんだと思うわ。言葉が四方八方に飛んで、入り混じっているのよ」

「ぼくはどうすればいいんだい？」

「完全に頭を空っぽにするの。何も考えちゃいけない。何もね！　そうすれば私の言葉は、何の影響も受けずにはっきりと聞こえるはずよ」

「簡単じゃないな……」

「意志と、それに訓練が必要ね。でもだんだんうまくいくようになるわ。ところで、猫たちは夜のお出かけから帰っていないんじゃないの」

「今朝は、そこにいたよ」

「まあ、ラッキーだったわね！　猫たちは、ありとあらゆる危険の中をぶらついていたわけなんだから。そんなふうにさせておく必要なんて、いったいどこにあるのかしら？」

こんなに長い間話し合ったのは初めてだった。私は陶然とした。やってみるととても簡単に思われた。それでも、まだこれからもしばしば、自分のおしゃべりを彼女のものと取り違えるだろうとは思っていた。意志と訓練の問題だと彼女は言った。ひとつ、それに専心してみよう。

同じ日の夜、使った食器を片付けてから、私たちは星がまたたくテラスでまた出会った。彼女の存在と不在を、私は感じわけられるようになっていた。それに関する知覚作用はもうすでに十分訓練できていた。彼女が近くにいるという感覚は、とてもはっきりしたものだった。不在感についても同様に明確だ。彼女の謎めいた活動については、いつか尋ねてみようと思っていた。しかし、呼べばすぐそばにやって来るというのははっきりしていた。

その時もそうだった。

「テレーズを見に行くわ。彼女、うまくいっていないみたい」と、カトリーヌが言った。

私は腕時計を見た。

「十時半だよ。もう寝ているんじゃないかな? きみも知っているように彼女は早起きだからね」

「すぐに、わかるわ」

不意に、彼女の気配は消えた……。

それは月曜日のことだった。

水曜日、テレーズに電話して近況を尋ねてみようと思い立った。私たちはしばらくの間、とりとめもない話をした。死の迫ったエイズ患者を担当していた彼女はつらい日々を送っていた。患者の青年に情が移ってしまったからだ。彼女が私の健康とこちらでの生活について尋ねてくれたあと、私は出し抜けに聞いた。

「ところで、一昨日、誰か訪ねていったりしなかった?」

「ええ、カトリーヌが会いに来てくれた。髪を撫でてくれたわ。彼女のほうにかがんだ時、いつもしてくれていたみたいに。憶えていらっしゃるでしょう?」

「何時ごろだった?」

「十時半よ。寝ようとしていたところだったから……」

十時半! 時刻はぴったり合う!

テレーズ・プセは足が地についた女性である。それは多くの人間が認め、評価している。面白がらせるための作り話など決してしない。

いずれにせよ、事実は以下のとおりだ。つまり、カトリーヌは、ゴルドからパリ二十区の外れまで、瞬時に行けるのである。

九月は素晴らしい月になりそうだった。ヴァカンス先からパリに戻る友人たちが、我が家に立ち寄ってくれた。私は猫の手を借りたりせずに、テラスでのランチやディナーで彼らをもてなした。

ある朝、カトリーヌが言った。

「あなたには驚いたわ」と。

彼女は、壊れたり厄介な状態になったりしていたすべてのものを、私がうまく修理したと匂わせているのだ。あふれた浄化槽、リビングルームの電気配線、洗濯機、客間のシャワー、虫に食われたテラスの梁、落雷で壊れた警報機等々。それに、雨で土のえぐれた進入路も、破格の条件で、しかも頑丈な材料を用いて修理してもらえた（一年間放っておくと家はこんなふうになる。家に仕返しされるというわけだ）。

しかし、うまくやってのけられたのは、カトリーヌが、信頼に値する職人の連絡先、使用法、日曜大工のコツ、してはならない間違いなどを、きちんと明確に書き留めておいてくれたからだ。確かに今、彼女を驚かせているのは私かもしれないが、以前は彼女自身こそが私にあっと言わせ続けたのである。

パリには、九月十三日に戻るつもりだった。私の著書『彼らはパリ解放のその場その時にいた！（*Paris libéré, Ils étaient là !*）』の発売を機に、十五日に十七区の区役所で、パリ解放に関する講演をすることになっていたからだ。約束は約束である。それに私は約束を守る人間だ。

今シーズン最後の招待を受けて時々途切れはしたが、戻る日までの二週間、私は独りぼっちの時間を過ごした。その間、カトリーヌと会話するチャンスがしばしばあった。私は、もうそれなしではやっていけなくなっていた。慣れのおかげで、だんだん彼女をはっきりと感じられるようになった。まだ、頭の中で言葉がごちゃまぜになる場合もあったが、自己規制によって、たいがいは間違いなく彼女の言葉を受け取れるようになっていたのだ。

聞きたくてずっとうずうずしていたのは、次のような質問だった。

「実のところ、きみはどこにいるの？　きみの世界ってどんなふうなの？　どんな仕事をしているの？」

彼女の答えはこうだった。

「説明できないわ。あなたが使い、私も『かつて』使っていた言葉では、今、私がどんな生にあるのか、どんな場所にいるのか、描写も説明もできないのよ。ここは別の世界であり、知覚も感情も能力も言葉も異なるの。一つだけ言えるのは、ここには時間の観念も空間の観念ももはや存在しないってことよ。それならあなたにも理解できるでしょう？　私たちは、思考や行動やコミュニケーションを規制するような地上の足枷や制約から解放されているの。それにね、何よりも重要なことがある……。地上にいた時、私は神について狭量な認識しか持っていなかったの。なんだか曖昧で、あまり思慮深いものではなかったわ。キリスト教教育の後遺症や、大祝日の少々退屈なミサにたとえ上の空でも皆と一緒に参列しなければならないと思わせる因習のせいかも……。でもここでは違う！　今はそうじゃないの。あなたには想像できないと思うわ。幸せで目がくらみそうなの……」

「話を聞いていると、本当にきみを追いかけてそちらに行きたくなるよ……」

「私が死んだ時、あなたは自殺しようと考えたでしょう？　最も確実に決着がつくような方法まで調べて、それを手に入れたでしょう？　ちゃんと知っているのよ。でもそんなことは絶対にしないでほしいの。だいたい、それについては前にお願いしてあったじゃない」

「逆の立場に立って考えてくれよ。きみならどうしたと思う？」

「私はあなたとは違うわ。私にとって、この世にはあなたと猫しかいないのよ。猫たちは可愛がってくれる人にさえもらってもらえば、二匹一緒で幸せなはずよ。それが確認できたら、私は間違いなく銃で自殺するわね。でもあなたには違う。娘たちがいるじゃない。それにまだしなければならないこともたくさんあるわ」

「何をするって言うんだよ？　七十七歳と言えばもう人生の終点だよ。この世でのぼくの務めはもう終わっているよ」

「それは大間違いよ。あなたはまだ本を通して多くの幸せを人に与えられるわ」

「読んでくれるきみがいないんじゃ、もう書く気なんておこらない。それにいったい何を書けばいいんだよ？」

「今、私たちに起きていることを書けばいいじゃない」

「誰も信じやしないよ。それにだいたい何のために書くのさ？」

「絶望している人たちに希望を与えるためよ。死は人を永遠に飲み込んでしまう大きくて暗い穴だと考えているような人のために書くの。死は愛し合う者同士を引き裂きはしないってね。再会も、理解し合うことも、話し合うことも、互いに助け合うこともできるって教えるの。望んで、信じれば、それは可能になるのだと。だいたい真の慰めを与えてくれるのは、それだけなのよ。もしあなたが書けば人は信じるわ。あなたは作り話をするような人なんかじゃないから。もちろん疑う読者もいるでしょう。でも信じる読者も多いはずよ。というのはね、あなたは仕事においても生き方においても、いつでも現実的で理性的で生真面目だったから。評判の役割はけっこう大きいのよ」

「きみは今、幸せかい?」

「本当にものすごく幸せよ。それにもうどこも痛くないし、身体が病んでいると感じることもないし……」

「それ以上、心が慰められる言葉なんかないよ」

これらの会話は、忘れてしまったり、あるいはあとで余計なことを付け加えたりしないよう、私がその場で書き留めたものである。さらに言えば、絶対に確かだと自信のあること、あるいはカトリーヌの話し方、言葉、語調とはっきり認めうるものしか書き留めていない。それについては熟知しているのだから、間違いようがない。

私にチェックしてほしいと言って見せていた手紙の下書きはいつも完璧だったが、自分は書き方を知らないと彼女は言い張っていた。

私から見れば、彼女の言語活動は、語彙、イメージ力、才気、そしてユーモアにおいて、きわめて豊かなものだった。つまり、表現の仕方がとても独創的だったのだ。だから、今こうして『コミュニケーション』しても、それぞれの話を混同するなど不可能なのだ。

そうは言っても、すでに予感していたとおり、私の言葉や文章が、彼女自身の発した言葉のすき間にそっと忍び込むことは相変わらずあったし、これからも長きにわたってあるに違いないと思われた。

ただ、習慣の力で、闖入者のようなそれらの存在はすぐ見抜けるようになったので、会話を書き留める際には徹底的に排除した。もっともカトリーヌは、そのような時折の侵入に対し、過度に気をもむ必要などないとは言っていたが。

「別に驚く必要なんかないわ。同じことを同時に考えていたなんてこと、何百回ってあったじゃない。もともと、仲良し同士にそんな現象が起きるのはよく知られているし、心理学者たちも大昔から研究しているわ。何ていうんだったかしら……名前がついていたけれど、忘れちゃった。以前だって、脳から脳へと距離をおきながらも、互いの考えを伝染しあっていたじゃない。今はより強力になっているはずよ。だって私たちのおしゃべりはただ一つの頭の中だけで生じているんだもの。あなたの頭の中だけでね」

なにもかもがより深い理解へと私を導いてくれた。二人の間には万人に理解され得るようなコンタクトが生じているのだと信じる心と、生まれつきの疑い深さとの間で絶え間ない闘いが繰り広げられてはいたが、その渦中にありながらも、ゆるぎない確信が少しずつ勢力を増してきていた。最後には私の心すべてが、きっとその確信で占められるに違いない。

私の確信を支えるためだったのだろうか、カトリーヌは時折、さらなる『合図』をまるでウィンクのように送ってくれた。

パリに戻る二週間前にも、そんなできごとがあった。

その前日、カヴァイヨンのレックレール・ストアで最後の大々的な買出しを行なった私は、午後五時ごろ家に戻り、買ってきたものを車から降ろした。私のゴルフは、X秒間ドアを開けたままにしておくとアラームが作動するようになっている（潜在的犯罪者に情報を与えてはいけないので、秒数は伏せておこう）。作動させない唯一の方法は、エンジンを切らないことだ。したがって車から荷物を出す間、エンジンはかけっぱなしになっていた。しかしそのあと、うっかりしてエンジンを切ることも、キーを引き抜くことも忘れてしまったのだ。翌日の午前十一時、村へ行こうと車に乗ったら、エンジンはうんともすんとも言ってくれなくなっていた。しかたなく、アンベール一族のショヴァン自動車修理店に電話して、この災難を話した。

「当然ですよ。バッテリーは完全にあがっているでしょうからね。ウィンカーまでずっと作動していたんじゃねぇ……。息子に新しいバッテリーを持って行かせますよ」と、ショヴァン氏は大笑いしながら言った。

テラスに腰を据えて待つことにした。正午ごろ、敷地内に入って来るステファン・ショヴァンのプジョーが見えた。私はちょっとした冗談のつもりでカトリーヌに言った。

「新しいバッテリーを買わなきゃならないなんて、まったくばかげているよ。浪費するにしても、もっと賢いやり方があるだろうに」

「行って、エンジンをかけてごらんなさい」と、カトリーヌ。

私は言われたとおりにした。キーを一回しするだけで、エンジンは軽快にかかった。ステファンがそばに駐車した時もまだエンジンは動いていた。

「あれっ、バッテリーはまったく問題ないじゃありませんか！」

「そうなんだ。いったいどうなっているのかよくわからないよ。さっきは操作ミスしたのかな……」

彼はハンドルの前に座り、一度エンジンを切った。そして再びかけた。エンジンは調子よく動いた。

「バッテリーは満杯ですね」

「ステファン、無駄足を踏ませて申し訳ない」

「どうってことありませんよ。問題がなくて、ぼくもうれしいですから」

しばらくして、守護天使カトリーヌに尋ねてみた。

「何をしたの？　小切手帳の時とまったく同じだ……。あれは今でも、何がなんだかさっぱりわからないよ。何かトリックがあるの？」

「それは答える必要のない質問ね、困ったちゃん。小切手帳は見つかったし、エンジンはかかった。あなたはそれで満足すべきよ。それ以上、知ろうとしないで。私の身体がまだあなたのそばにあった五月末、言ったじゃないの。あなたを助けるって」

「もちろん、それは憶えているさ」

「そうでしょう。私は言ったとおりにしているだけ。でもね、私の助けには限界があるの。神さまじゃないもの。あなたは善きにつけ悪しきにつけ、これからもずっと意のままにものごとを決めていくのよ。私には、あなたがぼんやりしたりエンジンを切り忘れたりするのを阻止はできない。試せるのは、被害を最小限に食い止めることだけなの」

「それだけでも、たいしたことだよ！」

「あら、認めてくださるのね。うれしいわ」

この超自然的な助けは、私一人だけが享受したわけではない。カトリーヌの友人たちにもその権利はあった。ニニ・モローの場合はその最良の証である。

ニニとロジェが経営しているレストラン『エミール』が客入りの悪さで悩むなどありえない話だった。とはいえ、パリでのレストラン経営という過酷な仕事は、八年間も続ければもう十分だった。そこで彼らは、できるだけ早く店の権利を売ってしまおうと決めた。

残念ながら、一九九四年当時、長引く景気低迷の出口はまだ見えず、新聞に三行広告を何度載せても、なんの反応もなかった。はっきりした日にちはもう忘れてしまったが、九月のある日、ニニはいつになく気力が萎《な》え、ひどく落ち込んでいた。そこで、最後の客が帰るとすぐ近くにある聖ウスタッシュ教会に出向き、カトリーヌに短い祈りを捧げた。

「助けてちょうだい、カトリーヌ。もううんざりなの。本当にうんざりなのよ！」と。

『エミール』に戻った時、ちょうど電話が鳴った。受話器をとると、知らない声が告げた。

「モローさんですか？　あなたのレストランはまだ売りに出ているのでしょうか？　興味があるのですが……」

取引は成立し、『エミール』は売れた（お疑いの向きは、ニニかロジェにご質問のほどを）。

レイラ・マンシャリも同様の経験をしている。彼女はエルメスのチーフ・デコレイターである。パリジャンをフォブール・サン・トノレ通りに駆けつけさせる、あの驚異的なショーウィンドーの装飾を考案し、製作しているのはこのレイラだ。彼女は古くからの大切な友人であり、パリにいる時はしょっちゅう会っている。彼女がハンマメットに所有する、豪奢《ごうしゃ》な庭園に囲まれた美しい邸宅へ行ったこともある。かつてカトリーヌと彼女は、服飾品、装飾品、縁飾り、珍しいオーナメント等々について、長時間にわたり論じ合っていたものだった。二人は、それらに大きな情熱を燃やしていたのだ。

その夜、私は近況を聞こうと電話した。彼女は、秋向けのショーウィンドーを準備していて重大な問題にぶつかってしまったと話した。

「完全な立ち往生だったの。大ショーウィンドーのコーナーをどんな色の組み合わせにすればいいのか、アイデアが全然浮かばなかったから。カトリーヌがいてくれたらと、心底思ったわ。彼女は生地と素材を感覚的に理解していたもの……。そんなことを考えていたら突然、カトリーヌが私に働きかけているって気がしたの。『一九九二年冬向けのショーウィンドーで使った玉虫タフタのこと、憶えている？　あなたはピンクと黄色を組み合わせていたけれど、あれは本当に素晴らしく調和していたわね。それで解決がつかないかしら？』ってね。『そうだった！　ありがとう、カトリーヌ』って思ったわ！」

後《のち》にカトリーヌは、彼女の助けがどんなものなのかはっきり話してくれた。

「言ったでしょう、私は奇跡なんか起こせないって。私はちっぽけなただの女に過ぎないの。でも、あなた方よりちょっとだけものごとを有利に運べる立場にはいるわ。だから、あなた方の不手際や過ちの結果が少しでも限定的になるよう、試してみるわけ。そう、私にできるのは、まさに試すってこと。だいたい普通の場合、良き決定を吹き込んだり良き助言をふりまいたりするのが私の助けなの。それなら私にだっていつでもできるし、すべてが私一人の力にかかるって訳でもないから。いずれにせよ、一緒に暮らしていた時、私ほど得意じゃなかったことについては、私のアドヴァイスをしっかり聞くようになさいね！」

以上、おしまい！

とはいえ、彼女の話を聞いて、私の当惑はさらに増した。おそらく別の視野が開けたからだろう。小切手帳事件は、私にとって相変わらず不可解なままだった。きわめて客観的に一部始終を検討したにもかかわらず、道理にかなった答えはなんら見つからなかった。それとは逆に、エンジン事件に関しては、「行って、エンジンをかけてごらんなさい」という単純な助言から、おそらく結果は生じたのだろう。つまり彼女の助言には、「今朝はやり方が悪かったのよ。そうじゃなければ点火プラグが湿っていたのね。あるいは警報システムとイグニッションの間になにか作動を妨げる要因があったのかもしれない。でもバッテリーはまだ十分使える状態よ。ステファンが来て、新しいバッテリーを問答無用で押し付ける前に、行って調べなさいよ」という言外の意味が込められていたのである。

この考えはかなり本当らしく思える。しかし一つだけはっきりしているのは、彼女の「行って、エンジンをかけてごらんなさい」という助言が、あまりにも明快過ぎ、あまりにもありがち過ぎるということだ。あたかも、さらに強力な介入の余地がまだあり、それを試そうとしているかのようだ……。というのは、夜明けから十一時まで日向にあったわけで、点火プラグは間違いなく乾いていたはずだし、エンジンを始動させると警報システムは遮断されるので、イグニッションとの間にいかなる妨害要素も生じるはずなどないからだ。つまり、どう考えても、問題はエンジンの始動にあったのだ……。

その日私は、もうものごとを必要以上にややこしくするのはやめようと思った。これ以上自問するのはやめよう。とりわけ、助言による当然の結果なのか、あるいは妻のありがたい『恵み』によるものなのかを見分けたがったりするのはやめよう。結果を見て、心から感謝するだけでいいじゃないかと。

感謝の機会はしばしば与えられた。ある日、家の鍵が見つからなくなった……。郵便物を取りに行き、鍵束につけられた鍵で郵便受けを開けたのだが、その後、この鍵束がそっくりなくなってしまったのだ。

「緑のリビングルームに座って、新聞の大見出しにざっと目を通した時、石塀の上に置きっ放しにしたのよ」と、カトリーヌ。

確かに鍵束はそこにあった。もちろんサンチョ・パンサは陰険に耳元で囁いた。ものをどこにうっかり置いたか、突然思い出すことなど、誰にでもいつでも起こりうると。そのとおりだ。だからといって、カトリーヌが思い出させてくれたと考えるのは、まちがいなのだろうか？（息子のアランはしょっちゅうそうしてくれていた）それにこの場合、彼女の助言、あるいは勧めと言ってもいいかもしれないが、それは彼女のものと完全に確認しうる言葉遣いであり、はっきり彼女の個性を示していた。「ばかだな、緑のリビングルームの石塀に置き忘れてきたんだ！」というような言葉で頭に浮かんだわけではなかったのだから。

そうこうしているうちにも、小さな秋はすでにそばまでやって来ていた。夏がいつまでも執拗に居残り続けるこの地方で、秋の訪れはとてもひそやかだ。それでも、空気はさわやかになり、日も短くなっていた。

猫たちは、この完全自由のメッカに居座る決心をしたようだった。彼らは朝から晩まで、そして晩から朝まで、外で跳ね回っていた。スライディング・ドアの下部に猫用の出入り口を設けたからだ。そのおかげで、猫たちは好きな時に出入りできるようになった。「猫がドアの正しい側にいることは決してない」とイギリス人も言っているが、この出入り口を作ることによって、少なくとも問題の一つが解決された。つまり私は、旦那さま方に仕えるドアマンの職務から解放されたのだ。

カトリーヌは、この自由主義的措置をあまり買っていなかった。彼女には、一種殺人行為にも等しく思われたからである。しかし夜間、いたずらっ子たちは家からさほど離れるわけではないと彼女もようやく認め、最後にはそういうものだと諦めたようだ。それに、彼女が愛猫たちを守ってくれるって、当てにしたっていいではないか。そうでしょう?

夕食後、猫たちはしばしば私たちと一緒にテラスで過ごした。二匹はお決まりの椅子でのんびりとまるくなる。私は芝生用スプリンクラーのスイッチを入れる。そして十一時ごろになると帰宅消灯の合図を送る。そうすると猫たちは気分や天気次第で寝室までついてくるか、あるいはその日最後の野ねずみ探しに自然の中へ姿を消すかする。

その夜もスケジュールどおりことは進んだ。腕時計で時間を確かめると、私はまずスプリンクラーを止めようとした。ちょうどその朝、芝生を取り囲む石塀の上に私は石をいくつか置いていた。斜面に駐車する時、タイヤ止めに使うつもりだったのだ。

スプリンクラーから飛び散る水を避けるため、私は石塀に上ろうとして一歩うしろに下がった。そして安定の悪いその石の上に足を置いてしまった。足はぐらりと滑った。次の瞬間、二メートル下にある、芝生へと続く石段の硬い角の上に落ちた。幸運にも落下傘兵だった時の勘が働き、落下しながらも回転して脊柱から落ちないような体勢をとった。しかしそれでもやはり目から火が出るような衝撃を感じた……。

あの時ほど強烈な生理的孤独感に襲われたことは、それまで一度もなかった。

私は両手を左右に広げ、恐怖の階段をふさぐようにして仰向けに伸びていた。体中が痛み、あまりの打撃に半分気を失いかけていた。

空を見ると星が超然と輝いており、私は全人類から見捨てられたような気がした。立ち上がるのを助けてくれる者など一人もいなかった……。電話をかけて医者を呼んでくれる者も一人もいない……。慰めの言葉をかけてくれる者も一人もいない……。なんでもしてくれていたカトリーヌは、もうこの世にいないのだから……。

私は立ち上がり、体中を触って確かめてみた。どうやら骨はどこも折れていないようだった。歩行も普通にできた。家に戻り、内出血による血腫ができないよう、軟膏を塗って身体の左側全体を強くマッサージした（本当は最後にすべきことだったのだが、その時は知らなかった）それからとても熱い風呂に入り、ベッドにもぐりこんだ。横たわると、私はカトリーヌを呼んだ。

「感謝するよ、まったく。きみはこんなふうに守ってくれるんだ。あまりうまいやり方じゃないと思うけれど」

「ねえ、あなた、私は何度も言ったじゃないの。あなたがばかなことをするのは止められないって。私にできるのは、落下が厄介なものにならないよう努力するだけ。明日の朝一番でニヴィエール先生に電話して、診《み》に来てもらうよう頼みなさいね」

「そんな必要はないよ。どこも折れてはいないんだから。青あざはできるだろうけれど、それだけのことさ」

「お願いだから、言うことをきいて！　ニヴィエール先生に電話してちょうだい。骨が折れたかどうかなんて、あなたにはわからないじゃないの……。本当に残念だわ……。すごく痛いでしょう……」

「最悪の時は過ぎたよ。でもきみがそんなに言い張るなら、そうするよ」

その夜、よく眠れたなんて言ったら、それは言い過ぎだろう。

翌朝、コーヒーを飲むと、約束どおりニヴィエール医師に電話した。一時間後、彼はやって来て、診察してくれた。

「早急にレントゲンを撮る必要がありますね。ガブリエル＝ペリ通りにあるブラン医師のクリニックに行ってください。途中で薬局に寄って、私が処方する薬を買ってください。そしてすぐに二錠飲むこと。そうすれば痛みは少し治まるでしょう。結果は知らせてくださいね」と、彼は言った。

救いの手を必要とするような問題が起き、どうすればいいのか途方に暮れてしまった時、誰を呼べばいいのか？　もちろん、リヴォー夫妻だ。十五分後、ジェフ・リヴォーのプジョーが家の前にとまった。一時間後、私たちはカヴァイヨンの街に入った。そしてその三十分後、私はドゥース医師から宣告された。

「肋骨《ろっこつ》が四本折れています。左側の九番目、十番目、十一番目、そして十二番目の肋骨です。おめでとう、死なずにすんだのですからね！」

その帰り、副木《ふくぼく》を固定するための帯具を購入し、私は元どおりの生活に戻った。正直言って、愉快な夜を過ごすのはほぼ絶望的になった。四本も肋骨を折れば身の置き所なんてない。どんな格好をしても痛みを感じる。いろいろ試したあげく、ようやく仰向けになれば寝付けることを発見した。

カトリーヌは同情して、優しい言葉をかけてくれた。あの時、その場にいなかったのを後悔しているようだった。「でも、いたところで何も変わらなかったと思うけれど」とは言っていたが。落下を阻止してくれなかったと私がまだ怒っているのを、時々感じていたのだと思う。それゆえ、問題点をはっきりさせようと、彼女は根気よく説明を繰り返した。「私の力添えによって、あなたがすべての災難、心配事、厄介、問題から逃れられるなんて、虫がよ過ぎるし安易過ぎるわ……。あなたは永遠に、落っこちることもなければ、風邪をひくこともないし、鍵も失くさなければ、車がパンクすることもないし、具合悪くなりさえしないのよ。で、結局、どこに行き着くと思う？　死ぬこともなくなるのよ。そうでしょう？　わかる？　でもね、私には言えるの。肋骨はちゃんとくっついて元どおりになるし、三週間後には肋骨の存在すら感じなくなるってね」

パリに戻る日まで、あと四日だった。ロジェは進んで、TGVに乗って迎えに行くと申し出てくれた。そうすれば私は戻るための一人旅をしなくてすむし、必要ならば彼に運転も代わってもらえる。彼は控え目であると同時に、誠実でもあった。カトリーヌは彼について、「ロジェに会いたくなったら、『手伝ってもらいたいことがあるんだけれど』って言えばいいわ。そうすればすぐ駆けつけてくれるから」と言っていた。

カトリーヌの言の正しさが、また確認されたわけだ。

彼が手を貸してくれたおかげで、旅は快適で楽だった。しかしお客さま二名はふくれっ面をなさっていた。もちろん、おデブのミミとおチビのルルのことだが……。

パリで私を待ち受けていたのは、ゴルドに着いた時とそっくり同じ事態だった。住まいの復讐だ……。ほとんどすべてが故障していた。ボイラ、食器洗い機、キッチンのテレビ、トイレの水洗装置、食堂の壁灯、警報装置、それに車のヘッドライトまで……。なんてこった。

いったい、どこから手をつければいいのだ？

緊急を要する順で言えば、ボイラが一番だった。湯が出ないのだから。入浴もできなければシャワーも浴びられないし、もちろん洗濯機や食器洗い機も回せない。

カトリーヌの『おススメ』を書き取った黒いメモ帳を取り出し、Cの項目を開いた。

「暖房（Chauffage）：メンテナンスと掃除は〝イデアル・スタンダード〟（シャペが買収した）で。電話：四八‐六五‐七九‐七八」

指示どおりの番号に電話した。ヴァカンス明けと共に仕事が殺到していて、早くても三週間後でなければ人は遣《や》れないと言われた。まったく話にならない。私はカトリーヌに相談した。

「電話帳のイエローページを見てごらんなさい。見つかるはずよ」

「ええっ、なんだって！　電話帳でいきあたりばったりに修理工の名前を拾うのかい？　いつものきみらしくないな。そんなことをしているきみなんて記憶にないよ。女友達の誰か、あるいはクランボンさんに聞いてみたほうがいいと思うけれど」

「いいえ、電話帳のイエローページを見てちょうだい」

「そこまで言うなら、そうするよ」

私は職業別電話帳をとってきて、『暖房』という項目を開いた。まず目に飛び込んできたのは、次のような広告だった。

「レ・コンパニョン・ド・リル＝ド＝フランス―燃料ガス、電気のメンテナンス。あらゆるメーカーの製品に対応可。ボイラの応急修理と修理工事。―ブュア通り二十番、パリ七五〇二〇。電話：43―64―64―64」

三年前、部屋の枠組みを支えているリビングルームの大梁が大きく割れた。おそらく、階上の住人宅にあるグランド・ピアノの重さが原因だったと思われる。

ロジェの薦めによって、私たちはレ・コンパニョン・ド・リル＝ド＝フランスに電話し、ギルドの偉大なる伝統を汲む職人たちに修理を依頼した。彼らは、少なくとも四世紀は経っている長さ七メートルの巨大な梁をはずし、リビングルームの窓から外に出して仕事場へ持ち帰った。そして、リビングルームの問題の箇所をプラスチックの薄板で完全に覆い、カーブさせた鋼鉄の小梁をつなぎ合わせて天井の湾曲に沿うよう作られた補強材を据え付けた。最後に、だめになった梁を削って作った薄板を用い、周りと見分けがつかないような巧みさでプラスチックを隠した。それは紛れもない大工の見事な技だった。しかし、彼らが暖房の仕事もするとは、思いもよらなかった。

カトリーヌは大得意だった。

「ね、わかった？　私の言うことはいつも傾聴すべきなのよ、困ったちゃん。私が最もあなたの役に立てるのは、助言と忠告、そして警告なのよ」

「それに奇跡のような『合図』もだろう？　小切手帳とか、バッテリーの時みたいな……」

「あの合図は例外的に許された特別なことなの。あなたは疑い深いから。聖トマスのようにね。あんなこと、再び起こるかどうかは怪しいわね。あなたにはもう必要ないもの。でもそれについては、これ以上何も言えないわ」

それ以上執拗に聞くのはやめ、コンパニョンに電話した。感じのよい声が応えてくれた。

「今日はお伺いするにはちょっと遅過ぎますので、明朝ではいかがでしょうか」と。

反応の早さにびっくりした。彼らだって手いっぱいで忙しいだろうに……。

翌日、修理工は約束どおりの時間にやって来た。問題の箇所へ案内すると、彼は設備を見て感心した。

「とってもよい仕事がされていますね。今じゃ、こんなふうな設備はもうなかなか望めません」

彼はすぐに水栓のところに行ってそれを開き、点火装置を調べ、レバーを回し、給水調節をした。

「終わりました。これで湯が出ますよ」

「ボイラの掃除をもう三年もしていないんだけれど、掃除しないかと勧めにきた作業員は、どうも信用できない気がするんだ。誰か良い人を知りませんか？」

「テリエなんかどうでしょう。よい仕事をする会社ですよ。それに高くもありませんし。電話番号をお知らせしておきます」

「ありがとう。おいくらでしょうか？」

「税込みで、二百三十フランです」

安い！

よい手づるを得た私は、イエローページに電気工事も可能とあったので、再びコンパニョンを利用しようと決めた。やって来た青年は、この前来た彼の同僚同様、有能そうに見えた。しかし、その判断は厳しいものだった。

「配電盤はどれくらい経ちますか？」

「二十年ぐらいかな」

彼は、セラミックの周りについた鉛を含んだ黒っぽい痕跡を、私に見せた。

「これはみんなショートした跡です。もう今ではこんなものは使っていません。配電盤はクローゼットの中ですよね。火事の起きる危険性があるし、その場合、保険金は下《お》りません。配電盤の交換をお勧めしますね。見積もりを作りますから、よくお考えください」と彼は言って、去っていった。

「もっともな話ね。彼は信頼に値するわ。この配電盤にはもう何度も困らされているし。そうでしょう?」と、カトリーヌが言った。

地区内に、かつてしっかり仕事をしてくれた電気工が一人いた。念のため、彼に相談してみた。判断は同様だった。しかし彼の見積もりは、コンパニョンの見積もりより三千フラン高かった。

配電盤は、コンパニョンの手で交換された。

他の問題も同様に素早く、そしてうまく片付いた。テレビがかかるようになり、配水管の詰まりが直り、洗濯機が修理され、壊れていた警報装置のバッテリーも交換された。警報装置に関しては、カトリーヌがまたよいアドヴァイスをしてくれた。

「バッテリーは自分でお買いなさい。少なくとも、修理工が持ってくるものの半額で買えるから。マリアーヌに聞いてみるといいわ。彼女の家の近くにとてもよいお店があるの」

言われたとおりにしたおかげで、安上がりですんだ。

かくして、アパルトマンは少しずつ元の状態に戻っていった。褒め言葉を要求してもいいぐらい、私は大活躍したのだ。

「あなたを残していくと考えるだけで、すごく心配だった。独りではやっていけない人だと思っていたから。わかる？　でもあなたは、びっくりするほどうまくやっているわ！」

「きみに負うところ大、だよね」

「同感！」

「同感」、それは私たち夫婦の生活を表す中心的な言葉だ。

私たちはほとんどすべてにおいて考えが一致していた。少なくとも重大な事柄に関してはそうだった。

二人とも好きな友人は同じだったし、ひどい人間や意地悪な人間に対しては同じような嫌悪感を抱いた。二人一緒に数々の国を訪れ、多くの民族と近づきになった。

彼女が一番好きだったのはアイルランド人だ。私も同感だ。その後に、ケベック人、イギリス人、そしてユーゴスラヴィア人が続く。サラエボ、スプリト、ドゥブロヴニックで出会ったユーゴスラヴィア人がセルビア人かボスニア人かあるいはイスラム教徒かなど、私たちにとってはあまり重要ではなかった（だいいち、当時は誰も気にかけていないように見えた）。

ヴェニス、ローマ、フィレンツェでは、二人してその美しさに心奪われた。タナナリヴの市では、同じ光景を見て微笑んだ。コモロでは、「悪魔の穴」を前にして同じ興奮を感じた。サン＝

バルテルミ島では同じものを見出し、ブルージュでは、ルネサンス前のフランドル派に属する画家の同じ作品に見とれた。

ゴールウェーでは日曜日の朝、喉の渇いた大勢のアイルランド人が一丸となって教会から向かいのパブに行くのを見て、二人で大笑いした。ダカールの市場では同じものを値切った。レユニオン島で彼女は、飼い慣らされていないチーターの囲いの中に入って撫でたり遊んだりすると言い張った。当然、私も彼女に従って中に入ったが、彼女の踝《かかと》をしっかりつかんではなそうとしない猛獣の口を開くのにはいささか苦労した。

「それから、ブランドに出会ったこと、憶えている？」と彼女。パリの名士たちがひしめくきらびやかなレセプションに出席した時、カトリーヌはマーロン・ブランドと至近距離でばったりでくわした。コブラに見入るマングースを見た人なら、偶然、目の前に現れた美女にすっかり魅惑されたブランドの視線が想像できるだろう。空想をめぐらせるだけなら何でもありだ。ブランドがカトリーヌの腕を取ることも、キスすることも、その場で犯してしまうことさえ……。しかし本当はと言えば、彼は微動だにせず、その視線もまったく無表情だった。一方、英語は一言もしゃべれないカトリーヌも、まるで彫像になってしまったかのようだった。乗り出す時がきたようだ。

「私の妻、カトリーヌ・アングラードを紹介させていただきます」

彼の緊張はすぐ解け、私たち三人は広間の片隅で歓談することとあいなった。「あなたの行動はまさに時宜を得ていたわね。まったく完璧だったわ」と、カトリーヌ。

私たちは、互いに相手を尊敬していたのだと思う。時折、彼女は冗談ぽく言った。「あなたと結婚したのは、あなたがフランス解放勲章保持者だったからよ」と。彼女にとってフランス解放勲章保持者とはいささかの欠点もない、並外れた人間集団を意味していた。それは彼女の先入観なのだが。

しかし彼女はそういう性格だった。彼女にとって人間は『非常によい人』か『非常に悪い人』かのどちらかだったし、白か黒かははっきりしていたし、ものごとは美しいか醜《みにく》いかのどちらかに二分されていた。中途半端、いい加減さ、凡庸、そしてぬるま湯的なことが彼女には我慢できなかった。

しかしその判断は常に公正だったし、信念は善意によって導かれていた。だから最初はいつも断固たる態度をとるが、性急に決めた印象を改めるような新事実が現れれば、自分の考えを再検討するにやぶさかではなかった。ただ、自分の正義に照らして間違いないと判断すれば、金輪際妥協はしなかった。

赤信号を無視したかどで、交通整理していた警官が彼女の調書を取ろうとした時のことを思い出す。

カトリーヌは慎重に、文句のつけようもない運転をしていた。ちょうど交差点に進入した時、信号が黄色に変わったと気づいた。法律ではそのような場合、運転を続行し、交差点の真ん中でとまったりしないようにと規定している。

法律に従って運転していた彼女は運転免許証の提示を拒んだ。口論になった。

カトリーヌの強情さに業を煮やした警官は、彼女を護送車に乗せた。すり一人、売春婦二人と一緒に投獄されそうになったが、いかなる圧力にも屈しなかった。警視の圧力にさえ屈しはしなかった。

「そうしたければ、刑務所に放り込めば。でも、運転免許証は渡さないわ。私には電話をする権利があるのだから、電話を貸してちょうだい」と言って、彼女はビュット＝ショーモン・テレビ局に電話した。彼女の番組のディレクターであるフィリップ・ガラルディと話すために。その日は、次の日曜日に放送する番組の収録予定日だったからだ。彼女を有名にした『生真面目はおことわり』という番組だ。一時間後、フィリップ・ガラルディを先頭に、ジャン・アマドゥー、ジャック・マイヨー、ジャン・ベルトといったスタッフ全員が警察署になだれ込んだ。

カトリーヌは自分が誰なのか、そしてどんなに急いでいるかを話していなかった。すべては明らかになり、謝罪を受けて釈放された。逮捕した警官のそばを通る時、彼女は言った。「あなたはきっとまじめな人なのだと思うわ。でもね、眼鏡をかけたほうがいいんじゃなくって」と。

かくのごとく強烈な個性ゆえ、機会さえあれば紛糾した事態に陥らないわけがなかった。例えばニューヨークの空港での場合がそうだった……。

その時、私たちはニューヨークで結婚式を挙げたばかりだった。どうしてニューヨークなんかで結婚式をしたかって？　当時、私は二つの公共チャンネルで番組編成局長をしており、一方カトリーヌはプロデューサーをしていた。つまり、彼女が仕事をできるか否かは私次第だった。お話にもならない。なぜなら、調査によれば、彼女の番組は最高の視聴率を獲得していたからだ。

いずれにせよ、私たちは二人とも、それぞれの収入を一緒くたにされるのはごめんだった。そこで、私たちは別々の住所を持ち、電話も銀行口座も別にし、税金の申告も各自で行なった。したがって、カトリーヌ・アングラードの仕事に関して、私がいささかなりとも利益を受けていると疑う余地などまったく生じなかったはずである。

当時、私はフランス語圏テレビ連合の会長もしていた。その年の会議はモントリオールでの開催が決まっており、私はカトリーヌに同行を求めた。もちろん彼女の航空チケットや経費は、フランス・ラジオ・テレビ放送局ではなく、私が持った。

会期終了後、ニューヨークへ行こうと、彼女を誘った。飛行機で飛べば一時間の距離だ。

かくしてニューヨークに行き、私たちはホテルに泊まろうとした。しかし従業員はパスポートを見て、同じ部屋での宿泊を拒んだ（あらゆる徳を重んじる彼《か》の国において、結婚していない男女が同じ部屋に泊まるのは『ショッキング』な振る舞いなのである）。

「ふーん、そういうことなの。じゃあ、明日結婚しましょう！　フランス人の考えとはまったく異なるけれど、ここでは少なくとも結婚さえすれば、そっとしておいてくれるでしょうからね」

と、カトリーヌ。

私はフランス・ラジオ・テレビ放送局のアメリカ駐在員ジャック・サルベールに電話し、彼は二十四時間以内に手はずを整えてくれた。もちろん、ニューヨークのフランス領事館で証書を作成してもらったりはしなかったが。三日後、帰路についた。

私の鞄には連盟関係の書類がぎっしり詰まっていた。空港で計量すると、十キロの重量超過だった。係員は搭乗券の発行を拒んだ。

「十キロ分軽くしてください」

「なんですって！」とカトリーヌが叫んだ。

「うしろにいるおばさんは、少なくとも百キロはあるんじゃないかしら？　出発前に三十キロ減量するようにって、言うわけ？」（通訳は私が引き受けた）

「量るのは荷物で、人間ではありません」

「まったくばかげているわ！　飛行機における各乗客の重量は、本人の体重に荷物の重さを加えたものじゃなくって！　私は六二キロよ。彼女が出発できるなら、私にだって、彼女との体重の差三八キロ分の荷物を持ち込む権利があるわ」

「ここで問題にしているのは荷物だけです。さっき申し上げたでしょう！」

「わかったわ。背中にドレスとコート全部をくっつけましょう。ポケットにもいっぱい詰めれば、荷物は十キロ分少なくなるもの」

「それは禁じられています」

「あなた方の規則は、あなたとおなじぐらいばかばかしいわね」（この発言は通訳しなかった）

万策尽き、空港長本人の登場とあいなった。私たちの肩書きにインパクトがあったからだと思うが、それ以上にフランス女性の憤怒に満ちた毅然とした態度が効いたに違いない。空港長は我々の搭乗券を発行させ、荷物もすべて積み込むように指示した。

このような目にはしょっちゅうあわされた。しかし私は常に彼女の味方だった。かなりつっけんどんで皮肉に満ちた彼女の物言いを和らげるため、じたばたしなければならないとしても。

難局に立ち向かう必要が生じれば、私たちの連帯は強固なものとなった。

ある時、不動産開発業者が隣地に建物を建てようとした。計画どおりことが運べば、リビングルームの採光窓からは光が入らなくなる。不動産開発業者は高い賠償金を提示してきた。しかしカトリーヌは、窓から入る太陽の光に値段などつけられないと慇懃《いんぎん》に返事した。彼女はがんばって勝訴し、建物は十二メートル後退して建設された。

彼女の倫理的公正さにも定評があった。コント番組を作る時には、脚本家に助力を求めるのが普通だ。新しく参加した脚本家は、自分のギャラから差し引かれるカトリーヌの取り分が何パーセントなのか、必ず尋ねた。悲しいことだが、名ばかりの共同脚本家に過ぎない番組制作者が、自分の取り分を要求するのは慣例になっていた。そんな時、彼女は憤慨して言った。

「私には番組制作の代価が支払われるわ。それで十分よ。脚本料はあなたに支払われるの。そしてあなたに支払われるものは、すべてあなたのものなの。それ以外のやり方がまかり通るなんて、言語道断だわ！」と。

コントの合間に挟まれる歌に関しても、彼女は厳しい姿勢をいささかなりとも緩めはしなかった。歌の選択は他の誰でもなく彼女自身で行なった。ある時、一人の大スターが、プロモーションの一環として、新発売のアルバムに入っている歌を流すよう要求した。それはひどくありきたりの歌だったので、カトリーヌはそのスターをスタジオから追い払うと、即座に代役を立てた。

このような態度を私が絶賛していたのは、言うまでもないだろう。

政治に関しても、同時に同じような行動をしていた。彼女はシャルル・ドゴールに敬服しており、それはもうほとんど誉めそやさんばかりの状態に至っていた。彼女の父親は地下組織網に所属していたし、彼女自身、レジスタンス運動による最年少の勲章受章者だった。一方私はと言えば、十四年間ドゴールのそばで過ごしたほどだから、カトリーヌ同様の気持ちを抱いていたのは当然である。

ではいったい、意見が一致しなかったのは、どんな点だったのだろうか？　それを見つけるのはなかなか難しい。あえて言えば、食べ物に関してだろうか。

カトリーヌは『塩辛いもの』よりは『甘いもの』を好んだ。私はその反対だ。だからといって、外でおいしいものを奮発する妨げにはまったくならなかった。二人とも、豪遊が与えてくれる幸福感に酔いしれたものだった。

私たちは、いつも、何についても、深く心が通じ合っていた。あんなにも早く、そしてあんなにも容易に互いを取り戻せたのには、それが大きく働いているに違いない。おそらく、このようなことは、誰にでももたらされるわけではないと思う。

「でも、誰だって、試してみる価値はあると思うけれど……」と、彼女の声。

彼女は、言葉にしない疑問に答えたり、私の心をよぎる思考にしょっちゅう関わってきたりした。

「私たちはあなたの頭の中で出会うのよ。忘れないでね！」

「声は、絶対に聞けないのかな?」

「だめだと思うわ。奇跡を期待してはだめ。奇跡を起こすのは私の領分じゃないから。でも今の状態だってそう悪くないいじゃない。違う?」

彼女の言うとおりだ。

カトリーヌと買い物に行くのはいつだって楽しかった。一週間に一度は『買いだめ』と称してイヴリィのカルフールに出かけた。パリ東部地区に住んでいる人間にとって、カルフールはもっとも行きやすいスーパーマーケットだ。この巨大なマーケットの地下には広々した駐車場があるし、カートを押したまま上《のぼ》り下《お》りできるエスカレーターも備わっていて、あまり疲れずに買い物できる。

二人して、主菜に添える一品、必需食料品、ワインや酒類、そして食肉を選んだ。どのメーカーの品を選ぶかは、いつも意見が一致していた。唯一の例外がキャッツフードだ。売り場で互いに意見を戦わせるのは、習慣になっていた。カトリーヌは、体重が七キロもあるミミのためにたんぱく質の少ない安物を買おうとした。私は経験上、猫たちがある特定のキャッツフードしか喜んで食べないと知っている。それ以外には見向きもしない。結局は妥協で終わる。つまり、いろんなキャッツフードを少しずつ買うのである。

逆に、カトリーヌにつきあって衣服のブティックへ行くと、待たされてじりじりする場合があった。彼女はあれこれ比べ、仔細に吟味し、じっくり考え込み、必要とあれば女友達に相談する。そうしないことには、何も買わない。

「あなたはね、面倒なことは早くすませようと、質も値段もおかまいなしに買ってしまうんだから。貯蓄ってものは、一フラン一フラン積み上げて貯まっていくのよ。それを心すべきね」

私が苛立ち始めると、彼女はやさしく言った。

「向かいのカフェで待っていてちょうだい。あそこならパイプをくゆらせられるわ。私だって心静かに買い物できるもの」と。

イヴリィのカルフールには、九月末まで足を踏み入れられなかった。行けるようになったのは、カトリーヌが前みたいについて来てくれるとの確信を得てからである。しかし確信は抱いていても、かつてああだこうだと好みを言い合い、品選びに興じた売り場を歩き回ると、物悲しい気持ちになった。

ずっと夫婦ぐるみで付き合っていた友人の家に行っても、同じような気持ちになった。しかし思いやりあふれる友人たちは、しばしば未知の人間を同席させるなどして、私の気を晴らそうとしてくれた。さりげなく心を込めた彼らの陽気なもてなしに、憂鬱な気分もいつしか消え去るのだった。

シェスネ家での夕べも、そうだった。初対面のデュクルー夫妻とはすぐさま意気投合した。私たちは互いに多くの共通点を持ち、好みもよく似ているのでまた会おうと約束した。

この約束を率先して実行したのは彼らだった。ある土曜日の夜、私は招待を受けた。シェスネ夫妻も一緒だった。初めてのお宅に手ぶらで行くなど、受けた躾が許さない。デュクルー家のあるニコラ＝シュケ通りに行ったことはなかったが、パリ地図を見ると、途中で、マルゼルブ大通りにある『モンソー花店』の前を通るとわかった。しかし行ってみると、運悪く店は閉まっていた。

カトリーヌがそばに座っているのには気づいていた。彼女は、落胆した私を気の毒がっているようだった。しばし路上に二列駐車して、別の花屋を思い出そうと頭をひねったが、だめだった。発車しようとした時、カトリーヌが言った。

「心配しなくてもいいわ。通りの角に開いている花屋が一軒あるから。彼らの住まいのすぐそばよ」

「どうしてわかるんだい？　十七区のこんな片隅に来たことなんて今までなかったじゃないか！」

「車をだして」

私はプレール大通りで車をとめた。次の道を右に曲がればもうニコラ＝シュケ通りだ。ニコラ＝シュケ通り五番のすぐ近く、まさに通りの角で私は見た。まだ開いている花屋を……。

買い物をすませると、応対してくれた店員に愛想よくお世辞を言った。

「こんなに晩《おそ》くまで開いている花屋さんが見つかって、本当に嬉しかったです」

「お客さまはラッキーだったんですよ！　いつもならこの時間には閉店しているんですけれど、今日はなぜだか今まで開けていたんです」

「私にはなぜだかわかりますよ、マダム」

もちろん彼女には、私が何を言っているのか理解できなかっただろう。それでも、怪訝《けげん》な顔などまったくせず、微笑んでくれた。

帰宅してから、カトリーヌに聞いてみた。

「あの花屋って、奇跡の『合図』なの？」

「違うわよ、ぜんぜん。ただ、探しに行っただけ。私なら見に行くのにいくらもかからないもの。あなたも知っているでしょう」

「で、きみは、迷うことなくまっすぐニコラ＝シュケ通りに行けたってわけ？」

「あなたもご存じのように、パリの道についてはタクシー運転手より詳しいですからね！」

まったくそのとおりだった。レジスタンスの連絡係だった彼女は、自転車でパリ中くまなく駆けずり回っていたのだ。通りの名前と場所を憶え、区の地形図を頭に入れるのに、それほどよい方法はない。彼女の頭の中には、ちょっとした路地や、ある地点から他の地点へ向かう正しい道筋がきちんと整理されていて、決して間違えたりはしなかった。それにはただただ感心させられた。

彼女のおかげで、私はエキゾチックな植物を抱えてデュクルーに到着できた。耳慣れない名前だったので、今となっては何だったのか、もう忘れてしまったけれど。

私は常に、客観的な立場で判断しようと最善を尽くしている。

つまり、私に届くどのメッセージが、そして一見説明不可能と思われるどの出来事が、彼女から発せられたものかをはっきりさせようと努めているのだ。

自分で作り出したものや、偶然の結果から生じたものとは厳格に区別しなければならないが、それは常に簡単というわけではない……。定期的な彼女の出現に関しては、もういかなる疑いも抱きはしていない。ここまでくれば、疑いようがないではないか？　しかし語りかけられるや否や頭を空っぽにしようと努力しても、やはり時として、私の考えや言葉が彼女自身の言葉を歪めるおそれは十分ある。いや、実際に歪めてしまったこともあったに違いない。その証拠に、コミュニケーションがあまりうまくいかない日もあった。

今でも、クローゼットで起きた小さな出来事については、あれこれ考えてしまう……。

その日、私はクローゼットで、クリーニングから戻った数着のスーツを整理していた。突然、彼女がそばにいるのをはっきり感じた。それはいささかの疑いもさしはさむ余地のない、確かな感覚だった。そこで私は彼女をからかってみた。

「おや、いるんだね？　私がスーツをちゃんとハンガーにかけるかどうか、見張っているんだろ。違うかい？」

彼女が微笑み、やさしく身を寄せてくるのが感じられた。とはいっても、身体的に感じたわけではなかったが。そこに、ルルもやってきて加わった。

この小柄な猫は感情をまったく表さないタイプだ。例外はおデブのミミに対してだけだった。ルルにとってミミは、愛して止《や》まない神のような存在であった。私たちについてはなんとか受け入れてくれていたが、愛情を示したり、甘えたり、膝の上で眠ったりなど、決してしなかった。ごろごろと喉を鳴らすこともなかった。撫でられると、邪魔な手を払い除けるかのように背を丸めたし、抱こうものなら、床に下ろすまでちょん切られたみみずのように暴れまくった。

そんなわけだから、私の頭は疑問符でいっぱいになった。なぜなら、ルルは近づいてくると私を金色のきれいな目で見上げ、そしてこともあろうに、身体を擦りつけながら足の周りをぐるぐる回ったのである。つまり、猫好き言うところの『八の字』を描いたのだ。

誰でも知っているように、猫には第六感がある。人間にはとてもわからないようなことでも、猫は感じる。それが証拠に、家からずっと離れた道に車をとめた瞬間、猫たちは帰宅者を迎えようとドアに向かって駆け出すし、家に帰るためなら草深い片田舎を迷わず八百キロも走破する。人間よりずっと先に嵐や地震も察知する。

したがって、断言はできないが、ルルはカトリーヌの存在を感じたのだと思う。ぐるぐる回ったのは、私ではなくカトリーヌの周りであり、視線を向けたのもカトリーヌに対してだったのだ。それだけでなく、ごろごろ喉を鳴らしさえした！　ああ、これはもう奇跡だ！　その時、私は思い出した。カトリーヌが不眠症に悩んでいたころのことを。彼女は私の睡眠を妨げたくないと言って、リビングルームで読書したりテレビを見たりして夜を過ごしていた。ルルも、私とミミが眠るベッドを離れてリビングルームへ行き、ソファに座る彼女の足下で朝まで過ごしたものだった。

それゆえ、やはりルルは彼女が好きなのだと、私たちは結論づけた。きわめて『英国風』なやり方だったけれど。彼は、静かで薄暗いがらんとしたリビングルームでの夜を共有することで、知らず識らずのうちに心の内を明かしていたのである。

ルルは長い間、私たちと一緒にクローゼットの中にいた。いまだかつてないやさしさを見せて。私が間違っていなければ、カトリーヌは感涙に暮れていたはずである……。

時折、私たちはちょっとした仲たがいをした。束の間の、そう、本当に束の間の仲たがいではあったが……。

その夜、私は見捨てられたような気分に陥っていた。朝から一言たりとも彼女と言葉を交わしていなかったからである。「おはよう。よく眠れた？」とも、「お昼ご飯には何を作るの？」とも、彼女は声をかけてくれなかった。

午後七時ごろ、ニュースを見ようとテレビをつけ、フランス3にチャンネルを合わせた。腰をかける前、ついうっかり非難の言葉をもらしてしまった。

「まったく今日はほとんどかまってくれなかったな……」と。

返事はすぐあった。

「あなただって、私をあまり探し求めなかったじゃない……」

私はテレビを消した。なぜなら、これから話し合わなければならないことは、テレビ記者の屁理屈なんかよりずっと重要だったからだ。

「ぼくがきみをあまり探し求めなかったって？　何を言いたいんだ？　説明してくれよ」

「わかっているでしょうけれど、私はずっとあなたと一緒にいられるわけじゃないのよ。もちろん自発的に来る時もあるわ。あなたがどうしているか見たり、家の中を一回りしたり、猫たちをやさしく見つめたりするためにね。でも普通は、あなたが私を必要としたり、呼んだり、話したいと思ったりした時に来るの。今日はそんなこと、全然なかったじゃない……。私がこちら側の世界に来る前、交わした約束を思い出してちょうだい。再会するには、あなたと私の両方がそれを望まなきゃならないの。努力が必要なの。わかる？　ただ与えられるだけのものなんて、何もないわ。今、私はここにいて、あなたはまだそこにいる。それにはちゃんと正当な理由があるのよ」

このお説教を忘れないよう、注意しなければ。

ゴルドでのある夜、私たちは星空の下で静かに語り合っていた。私たちの前には、半ば目を開けて近辺を警戒している猫たちが座っていた。

私は聞いてみた。いつの日か、彼女の姿を目にできるのか否かと。たとえ数秒だけでも、たとえ遠くからでも、たとえぼんやりとでも、あるいはまなざしや微笑だけでもいいからと。彼女は答えた。

「それは、私の力の及ぶことじゃないわ」

「でも実際に起きているじゃないか。他の人には」

その前の週、私はいとこと昼食をとった。ドミニコ会修道士である彼は、セナンク大修道院に立ち寄っていたのである。ご想像どおり、私たちは『あの世』に関して大いに語り合った。『あの世』については彼のほうがずっとよく知っている。彼は、リジューの聖女テレーズがその死後一年目に行なった驚くべき働きについて詳しく語ってくれた。

テレーズと意思を疎通し合っていたある若い女性が、会社から解雇されそうになった。彼女は窮状をテレーズに訴え、テレーズは力を貸そうと約束した。次の月曜日、彼女は人事部長に呼び出され、次のように言われた。

「あなたを応援している友達なんか、私のところによこす必要はなかったんですよ。会社はあなたが有能だとちゃんとわかっているんですから。だいいち、あなたに残ってもらうことはもう決定済みですしね」

「でも私は、誰にも会いに行ってくれなんて頼んでいませんよ！」

「あのですね、私は頭のおかしな人間なんかじゃないんです……。若い女性が金曜日の夕方にやって来て、あなたを雇い続けるようにって懇願したんですよ。それも非常に説得力のある言い方でね」

首のつながった彼女は急に思いついて、バッグから聖女テレーズの写真を出すと人事部長に差し出した。

「この人ですか？」

人事部長は一瞥すると言った。

「そうです。まさしく彼女です」

「でも、彼女は一年も前に亡くなっているのですよ」

「ばかなことは言わないでください。受付だって、彼女が出て行くのを見ているんですからね」

そう言うと、人事部長は受付を呼んだ。

「マシャールくん、こちらに来てくれたまえ。先週の金曜日、夕方六時半ごろに私は若い女性を戸口まで見送ったよね？　きみはそれを見ただろう？」

受付は当惑して言った。

「部長は確かに部屋から出ておいででした。それは本当です。でもこう言っちゃなんですが、独りで何かぶつぶつ言っておられました。いずれにせよ……お一人でしたよ」

私は、実際に起きたこの出来事、とにもかくにもドミニコ会修道士のいとこが保証していることの出来事を、カトリーヌに伝えた。

「そうね、めったにないけれど、私たちは人間の姿をとることもできるの。でも、私は聖女テレーズじゃないわ。彼女はこの世とあの世を自由に行き来できる。いろんな形でね。それに人間の姿をとるかどうかを決めるのは私じゃないのよ」

「じゃあ、頼んでみれば」

カトリーヌは彼女特有の笑い方をした。私はそれを非常にはっきりと感じた。しかし彼女はすぐにまじめな調子に戻った。

「あなたは、私が今いる世界を地上の概念で捉えようとしている。ものごとはあるがままに、そして与えられるがままにおとりなさい。伝達できない領域にまで踏み込もうとしてはだめ」

私がこのような話題に水を向けると、彼女はすぐさま貝のように口を閉ざし、会話は唐突に終わってしまう。それについて話すことは禁じられているのだろうか？　それとも、彼女自身が何も話すまいと決心しているのだろうか……？

今やカトリーヌの世界となった『あの世』での生は、私にとって果てしない謎だった。それゆえ、さまざまな場合をとらえては、もっと知ろうとした。帰ってくるのは、『純然たるカトリーヌ』の歯に衣着せない答えだった。

「あのね、もし私が、今いるこの世界がどんなふうなのか、そしてあなたが一日って呼んでいる短い時を何のために使っているか、ちゃんと説明したり、理解させたりできる言葉を知っているなら、もうあなたはローマ行きの飛行機に乗ってバチカンに駆けつけ、ヨハネ・パウロ二世にこう言うしかないわね。『どいてください。そこは私が座る場所です。私は何でも知っています。すべて説明してみせましょう』ってね。それに、ユダヤ教会議の首長とも、イスラム法学の大権威者とも、カンタベリー大司教とも、東方正教会の総主教とも、すらすら話せるでしょうよ。聖ペテロ、アブラハム、マホメット、孔子の後継者は、ほかならぬフィリップ・ラグノーその人だということになるわ……。私たちの世界とあなたがたの世界を隔てる壁は取り除きようがないし、だいいち必要なものなの。わかる？　どうしてなのかは聞かないで。たとえどんな理由だかあなたに想像がついたとしてもね」

これ以上四の五の言うのはもうやめよう。

私たちは少しずつおかれている状況に慣れていった。

毎朝、私は頭をはっきりさせるため、キッチンの肘掛け椅子に座ってコーヒーを飲む。来てくれるよう、カトリーヌに呼びかけるのはそれからだ。

「昨夜はよく眠れたようね」とカトリーヌが言う（ゴルドでの落下事故以来、大腿のあちこちが痛むようになった。痛みはなかなか消えず、私の生活は大いに影響を受けていた）。

「うん、そうなんだ。で、きみは？」

「おばかさんね。私にはもう睡眠なんて必要がないって、知っているじゃない」

彼女が美しい顔を私のほうに向け、にっこりしていると私にはわかった。彼女は付け加えた。

「気遣ってくれて、ありがとう」

それを聞いて笑ってしまった。なぜなら、彼女は話している最中、理由もなくその言葉を何度も口にするからだ。

「どうして、しょっちゅうそんなことを言うの？」

「だって前には十分言わなかったもの。私は何もわかっていなかったのよ。こちら側に来てから、多くを学んだり、深く理解できるようになったりしたの。だからあなたに言うの。『気遣ってくれて、ありがとう』ってね。ただそれだけよ」

「やさしいんだね」

「ええ、私はやさしいわ。で、あなたのほうは、相変わらず新品のパジャマに焼け焦げを作っているってわけね」（白状すれば、私はしばしばシャツの胸の部分やガウンやナプキンにパイプの燃えカスを落としてしまう。それにまず気づくのはいつもカトリーヌだった）

私は時々、彼女の目があまりにもよくいきわたっているのに驚かされた。

彼女は言った。「よく考えてちょうだい。私があなたを見る時、私はあなたを取り囲んでいるものすべてを見ているの。わかる？　昨日、あなたは、『もう旅行なんか行きたくない。独りぼっちでいろんな国に行ったりいろんな人に会ったりしても少しも楽しくないから』って言ったわよね。でも私は間違いなくあなたと一緒に行くのよ。つまり、あなたが目にするものすべてを、私も見るということなの」と。

「それとこれとは話が別だよ。だいいち、きみはずっと一緒にいてくれるわけじゃないじゃないか。きみにはやらなければならないことがいっぱいあるみたいだからね！　それに、絵やオブジェや歴史的建造物の前で感嘆するきみの姿も見られないんだよ。道を渡る時、きみが腕をからませてくることもないし、評判のレストランで二人して土地の名物料理に舌鼓を打つこともないんだよ。ぼくがホテルのベッドに横たわるや否や、きみは行ってしまうじゃないか。違うよ、ぜんぜん前と同じなんかじゃないよ」

「それについては、あらためて話し合いましょう。今朝のあなたは機嫌が悪いから」

「買い物に行くけれど、きみも一緒に行く？」

「もちろんよ。あなたがばかなものを買わないように見張らなきゃ。まったく浪費好きなんだから。ね、困ったちゃん」

「そんなことはないよ。すごく注意して買い物しているんだから」

「あーら、驚いた……」

最初のころ、私は道でも彼女に大声で話しかけていた。時として、人々は私たちのほうを振り向き、いぶかしそうに頭を振ったり笑ったりした。今ではほとんどの場合、心の中で語りかける。そうすると、自分が『とりつかれた人間』になったような気がする。それは奇妙な感覚だ……。

もちろん、独りぼっちの時間はしばしば訪れる。そんな時、私の心はかつて共に刻んだ旅路へと逃避した……。

私たちは何百キロにもわたる旅をした！　猫のムヌが人生の仲間入りしてくれたのは、私たちにとって何にも代えがたい幸せだった。しかしそれ以前は、もっとしばしば旅に出て、県道から県道へとフランスを『踏破』していった。旅している土地を見るには、道を走るのが一番だ。その地方特有の村が見られる。柱、梁、斜材などを外部に露出させたアルザス地方独特の家、ブルゴーニュ地方の傾斜した屋根、セヴェンヌの板石で葺いた屋根、ブルターニュのの、ろ、がけされた壁、ノールのレンガ造り……。それに、牧草に埋もれる大農場、鱒の泳ぐ急流、鳥たちの声に満ちた下草生い茂る森、のんびり暮らす善良な人々も、目のあたりにできる……。

ヴァカンスに出かける時は、目的地がどこでも、もっとも交通量の少ない国道を使ってパリを離れ、でき得る限り早くいきあたりばったりで県道に入ったものだった。

その途端、「さあ、ヴァカンスの始まりよ！」と、カトリーヌは楽しげに声を上げる。

彼女にとってのヴァカンスは、草原がコンクリートに、そして鶯のさえずりがエンジンのうなりに取って代わる瞬間から始まるのだ。そもそも彼女は交通渋滞を病的に嫌っていた。猫たちと一緒の時は短いルートを選ばざるを得ない。なぜなら、かわい子ちゃんたちは数キロも走ると暴れだし、ぶつくさ文句を言うからである。したがって、私たちも付和雷同的に高速道路へ入ることを余儀なくされる。特にパリへ戻る時、彼女はヌムールあたりから落ち着きがなくなった。交通渋滞が、生まれつきの閉所恐怖症である彼女の度を失わせる。

「息が詰まりそう。ここから出ましょう！」

「でもね、皆、バンパーがくっつかんばかりにすきまなくつながっているんだよ。それに最寄りのランプまではまだだいぶんある。ぼくにはどうしようもないよ。前に進めないいんだから……」

「運転を替わって。どうすればいいか見せてあげる！」

二人ともほっそりしているので、それほど身体をねじ曲げなくとも席は替われる。だいいち、彼女はもうもぞもぞしている！

彼女が素晴らしい運転技術の持ち主だということは、すでに述べた。しかし、フォーミュラー・ワンのドライバーでも目がくらむような運転などしないとは、一言も言っていない。私が微塵も動けなかった場所で（私でなくとも普通の人なら皆できない）、彼女は車列からはずれ、二列に並んでいる車の間に滑り込み（車間は煙草の巻紙一枚ぐらいなのに）、巧みに数珠繋ぎから逃れ、非常駐車帯にたどり着く術をみつけ出すのだ。

「ねえ、この上を走っちゃいけないんだよ。交通事故の場合しか使えないいんだから！」

「そんなの、どうでもいいわ！　渋滞で気が変になりそうなんだから！　前の間抜けは何をしているの？　私みたいにしたかったら前進しなきゃね。お尻を押してやろうっと！　見てて！」

ハンドルを握ると、カトリーヌはたいていの場合、イメージたっぷりのきわどくて装飾だらけの言葉を使った。

「下品だね！」

「下品だけれど、決して下卑《げび》てはいないわ」

「どんな違いがあるっていうんだ？」

「『くそっ！』っていうのが下品なの。で、『くそったれめ！』っていうのは下卑ているの」

そう言うと、アクセルを力いっぱい踏んで、パリからは遠いどこかの郊外へと続く出口を通り抜ける。突如として私たちは静寂の世界に入り込む。

「いったい、ここはどこなんだ？」

「ヴィリー＝シャティヨンだと思うわ」

「ぼくの勘に間違いがなかったら、ここはジュヴィジーだよ。国道七号線に入れるはずなんだけれど」

「いいえ、国道は結構！　もう懲り懲りよ！　それよりもヴィルヌーヴ方向を示す交通標識を見つけてちょうだい」

私たちは、庭で犬がほえる以外しんと寝静まった郊外を通り抜ける。薄暗い通りで迷子になり、時には同じところをぐるぐる回る。交差点では、何が書いてあるかちんぷんかんぷんな道路標識板を見つめて考え込む。それでも、結局はヴィルアルドゥアン通りに帰り着く。高速六号線にとどまっていたら、渋滞にもかかわらず確実にもっと早く帰れただろう。

「そうね」と、カトリーヌは同意する。

「でもね、時間はかかったかもしれないけれど、少なくともその間中、うんざりなんてまったくしなかったじゃない」

うんざりするということに対しても、彼女は強迫観念を持っていた。

「あなたには時々、いらいらさせられる。シャツには焼け焦げを作るし、灰皿は臭いし、鍵は失くすし。でもあなたと一緒だと退屈しないの。この三十年間、一秒たりともね。それって、他のどんなことより大切じゃないかしら」と、カトリーヌ。

私も、まったく異論はない。

カトリーヌは、一見してもう語り合うものも分かち合うものも何も持ち合わせていないとわかるような夫婦を見ると、悲しみと哀れみを覚えると言っていた。

奮発して、ちょっとしたお楽しみの食事をレストランでとったりすると、そのような夫婦に遭遇する場合があった。私たちはといえば、大いにしゃべり、しゃれや冗談を交わし、笑い、一緒にいる喜びに浸り、繊細なあるいは凝った料理を二人して味わう幸せに酔う。その隣りのテーブルでは、むっつり黙り込んだ夫婦が視線も合わさず、料理をつついている。

「ねえ、気がついた?」とカトリーヌが言う。「前菜からデザートまで、あの人たちは一言だって口をきかなかったのよ」

そう。確かに私たちは二人でいると本当に楽しかった……。

朝、コーヒーを飲んだあと、カトリーヌが現れると、私たちはすぐ過去への小さな旅にでかける。出会いやこっけいな小事件、そして素敵な時を思い出すのだ。それは私たちにとって、決して尽きない一番の話題だ。

「アプトの『フランプリ』でしたあのものすごい口論のこと、憶えている?」と、カトリーヌ。友人たちの来訪に備えて、私たちは大量の買い物をした。レジは十あった。その内の一つに並び、先客が支払いを済ませている間に買ったものすべてをコンベヤーの上に積み上げた。

私たちの番が来た時、レジ係が甘い声で告げた。

「ここは購入品五つ以下のお客さま専用レジです」

カトリーヌは怒りのあまり大声で言った。

「カートから品物を全部取り出す前にそう言ってくれるべきじゃない? あなたは私たちが何をしているか見ていたくせに!」

「掲示をごらんになれば書いてあります」

このばかな娘を罵るため、カトリーヌがどんな鳥の名前を贈呈したか、ここに記すのはひかえておこう。そんなふうに面罵されても自業自得というものだ。とはいえ、我が敬愛する妻の隠語的語彙の豊かさに感嘆して、後ろに続く客たちが声一つ立てなかったことは記しておかねばなるまい。彼らはいつかそれを使う時のため、しっかり心に書き留めたのではないかと、私は一瞬思ったぐらいだ。

マーケットといえば、もうそろそろ行かなければならないころだった……。

娘のシルヴィはほんの少し前、外国での長い滞在をすませ、帰国していた。空家賃を払いたくないと言って出発前にワンルームマンションは解約していたので、帰っても住むところがなかった。そこで、十日前から我が家に泊まっていた。私はいつもより手のこんだ献立を考えなければと思ったが、そのころ大腿のしつこい痛みに苦しんでいて、彼女に近くでちょっとした買い物をしてもらうしかなかった。しかし、何もかも足りなくなり始めていたし、痛みも少しましになったので、イヴリィのカルフールに行ってカート二台分ぐらいの買い物をしようと、彼女を誘った。

帰り道、買い物袋は一つたりとも家に持って上がらないようにと、彼女から命じられた。我が家はエレベーターのない建物の三階にあるのだ。

「軽いやつを持って上がるから、心配しなくてもいいよ」

「だめよ、パパ。絶対、持って上がっちゃだめ。今朝、大腿神経はそれほどパパを困らせていないみたいだけれど、だからといって、刺激なんかしてはだめよ」

「うん、とにかく様子を見てみよう」

建物の前で車を二列駐車すると、私たち（特に娘が）はトランクから山のような箱と包みを取り出し、玄関ホールに積み上げた。

「駐車場に車を入れてくるよ。戻ったら手伝うから」

私は再びハンドルを握り、サン＝ジル通りとトュレンヌ通りを進んでミニム通りにたどり着いた（このあたりは一方通行なので、何キロも回り道しなければならないのだ）。なんてことだ！　ミニム通りは工事中で通行禁止。唯一の解決策は、ヴォージュ広場に出て、トゥルネル通りに入り、サン＝ジル通りへ戻ってくることだ。運転しながら、私はカトリーヌが何か告げたがっているような気がしていた。そちらに考えがいっていたため、うっかり地下駐車場を通り過ぎてしまい、愚かにもスタート地点に戻ってしまった。

仕方なく、ぶつくさ言いながらもう一度やり直した。しかし今度は、トゥルネル通りを配達中のトラックがふさいでいた……。

「三分ですみます！」と、ビールのケースをトラックから降ろしながら若い男が叫んだ。いつもの私なら、このような場面に出くわすと、車を降りて積荷の片付けを手伝う。そしてみんな丸く収まる。配達係も待たされているドライバーたちも時間の節約ができるからだ。しかし今回、大腿の状態を考えればそうもいかなかった。

いずれにせよ、しばらくしてトラックは動き、私もようやく家にたどり着けた。しかしがらんとした玄関ホールには何も残っていなかった。シルヴィが買ったものすべてを持って上がったのだ。私はがっくりした。

「全部きみにさせてしまって、申し訳ない」と私は言って、ことの顚末を話した。

彼女は吹き出した。

「パパが駐車場へ向かったあと、カトリーヌに頼んだのよ。『お願いだから、パパが戻って来るのを遅らせてちょうだい』って」

共犯者二人のたくらみは成功したというわけだ。お見事、と言うしかない。

その夜、入浴している時、カトリーヌはそれについて注釈してくれた。非難じみた言い方ではあったが。

「シルヴィは正しいわ。あなたに分別《ふんべつ》が欠けていたのよ。十キロの袋を両手に持って運ぶなんて。そんな意地を張って何になるの？　そういうことをしていると大腿の痛みなんてなくならないわよ。ねえ、配達してもらいなさいよ！　そのほうがずっと簡単よ」

彼女にとって、私の健康状態は常に心配の種だった。もっとも、「逆もまた真なり」なのだが。実際、私たちの唯一の心配は、相手の健康だった。

彼女は私を、自分の健康に関して無頓着で不注意で軽はずみだと思っていた。しかし彼女自身、加齢からくる大小さまざまな身体の不調を、無視できない状態になるまで放っていた。

例えば、彼女は関節リウマチに苦しんでいた。そのせいで指は変形し、彼女を悲しませた。彼女は縫ったり、刺繡したり、パッチワークしたり、ドレスを作ったり、編み物したりするのが大好きだったのに、関節リウマチのせいで、かろうじて針に糸を通し、ボタンが付け直せるだけの状態になってしまったからだ。余談ではあるが、かつて私はそれほど値のはらないものをプレゼントして彼女を喜ばせたいと思う時、フナックに行って、祖母たちが『お針仕事』と呼んでいたものを扱っている美しい書物を買ったものだった。彼女は幸せそうにうっとり眺めると、すぐさま、きわめてレベルの高い創作にとりかかるのだった。「両親は私を間違った方向に進ませたわ。私はクロード・バレみたいに、一流ブランド店のファッション・デザイナーになるべきだったのよ」といつも言っていた。私はそれに付け加える。

「あるいは建築家。あるいはインテリア・デザイナー。あるいは大工。またあるいは家具職人……。きみは何でもできるから」

「そうね。大工さんか家具職人なら、きっと気に入ったでしょうね」

閑話休題。私は、関節の応急処置をしてもらうようにと言ったが、返ってきた答えは次のようなものだった。

「すべての第一指節骨を固定する以外、どうしようもないわね。そうしたって具合がよくなるっていうわけでもないし」

その少しあと、両足の変形性股関節症が彼女からさらに自由を奪った。一足歩くごとに彼女は悲鳴を上げた。しかも関節リウマチは肩にまで及んだ。その結果、指を使う作業はほとんどできなくなった。ゴルドで熱中していた塀を作るための石積み作業も、まったくできなくなった。ある日、彼女は言った。

「手が完全に使えなくなり、普通の人のように歩いたり駆けたりできなくなり、石の一つも動かせなくなり、木の剪定《せんてい》ができなくなり、花を摘むためにかがめなくなったら、さっさと銃で自殺しちゃおうかな」と。

　私は湯舟でバチャバチャしながら、当時の一部始終を思い出していた。カトリーヌが会話を本題に戻した。

「ねえフィリップ、いつか死んでしまうという考えに、人は誰でも抵抗するわ。でも今の私にはわかるの。予定は一つの間違いもなく作成されているって。私がこの世を去ったのは、生きているのが完全に耐え難くなる、まさにその直前だったのよ」

「それは何とかできたよ。関節症の手術を受ければよかったんだし、湯治場のダクスで何らかの治療だって受けられたんだ……」

「そんな煩わしさ、どうして私たち夫婦が耐えなきゃならないの？　四六時中苦しんでいたら怒りっぽくなるわ。自分を無用だと感じたら、正しい道から外れてしまうかもしれないのよ。かつては美しかったのに、鏡を見ても年老いたしなびた顔しか映らなくなったら、意地悪になるわ。ねえ、私もだんだん怒りっぽくなっていたんじゃない？　時々、不公正にならなかった？　正直に言ってちょうだい……」

「ことを大げさに言うのはやめようよ。機嫌にちょっとした起伏が生じるのは普通だし、ぼくのほうがずっとひどいじゃないか。ぼくたちの心はちゃんと通じ合っていたよ。そうだろ？」

「そうね。通じ合っていたわ。でもどれくらいの間、そうでいられたかしら……？　私の身体はガタガタに壊れていくのよ……。もう何もできなくなるのよ……。一箇所なんとかなったと思っても、別なところがまたおかしくなるのよ。その上、癌まで襲いかかってきたし！　急に心筋梗塞でも起きたほうがよっぽどよかったわ。そうでしょう。いずれにせよ、私にはまだ、許してもらわなきゃならない細々したことがいくつかあるはずなんだけれど」

「病気が一番ひどかった五月半ばに、『どうしてこんな目にあわなければならないの？』って言ったけど、そのこと？」

「そう。でも多分、ああして代償を払ったからこそ、目もくらむような幸せの中にすぐさま入れたのだと思うわ。ねえあなた、私はとっても幸せなのよ！　本当にものすごく幸せなの！」

「でも、きみはしょっちゅう、地獄も煉獄《れんごく》も信じないって言っていたよね？」

（沈黙。私がこの種の話題に触れるや否や、彼女は黙りこくる。私には知る権利がないのだろうか。それとも知る能力に欠けているというのだろうか？）

「ぼくのとり方が間違っていないとしたら、きみは最高のタイミングであの世へ移ったと考えているみたいだけれど？」

「そうよ、まったくそのとおりよ。私たちは三十三年間、幸せを分かち合いながら生きてきたわ。それってすごいことよね。その幸せには、わずかなかげりしかなかった。本当にかすかなかすかなかげりしかね……。それを悪くとってはいけない。でもありがたいことに、そうはならなかったわ」

「でも五月半ば、きみはそれに抗議していたじゃないか」

「人は理解を超えるものや、押し付けられたものには、何にだって反抗するものよ。でも理解し受け入れれば、人は感謝するようになるの」

風呂の湯は冷たくなっていた。

それは、かつてないほど長い会話だった。一言だって忘れたくなかったので、私はバスローブをひっかけるとデスクに走っていって、話の内容すべてを忠実に書き留めた。もしかしたら、文章の組み立てが一つ二つ変わってしまったかもしれないが、それ以外はまったくそのままである。

その夜、私の心は穏やかだった。それは幸せと呼んでもいいぐらいの心持ちだった。

＊＊ 3 前進

翌日、いつもより早く起きた私は、力みなぎる意志に駆り立てられているような気分だった。カトリーヌが求めているこの本を書き進まねば！　メモはどんどん無秩序にたまる一方だった。

私はカトリーヌから、早く書き上げるようにとせっつかれていた。それまでに書きためたのはたったの五十ページほどだった。まだきっかけにしか過ぎないささやかな原稿を、私は三人の女友達と一人の男友達に見せた。もし彼らの意見があまり芳《かんば》しいものでなければ、書くのはきっぱりやめようと断固決心して。

私の思惑は見事に外れた。

彼らの肯定的な反応によって、逃げ道は完全に断たれた。

「続きを書くべきよ！」

「信憑性や説得力があると思うかい？」

「もちろん」

「読んでいて、笑いたくなったり、首をかしげたくなったりしなかったかい？　頭がおかしくなったんじゃないかって思わなかったかい？」

「いいえ、全然なかったわ。書き進めるべきよ」

もう書くしかなかった。

「ほら、みてごらんなさい！」と、カトリーヌは大喜びで言った。

彼女は昔のように厳しい批評家になるだろう。私は十七冊の本を出版しているが、そのいくつかに対して彼女は容赦ない批判をしていた。

彼女の言葉を借りれば、「なめらか過ぎる安易な文章」ということになるらしい。

「あなたは何の苦もなく書いている。文章はまるで水道のようにペン先から流れ出している。ロベール・ボーヴェもそうだったけれど。もちろんそんな文章は簡潔で理解しやすいし、すらすら楽しく読めるわ。でももう少しよく考え、もう少し手を加え、もう少し入念に仕上げれば、さらに良いものになったんじゃないかって思わずにはいられないの。今回の本に関しては、話は別よ。危険はもっと別のところにあるから」

「どんな危険なの？」

「厳密さや正確さを失わずに書けるかどうかよ。私たちに起きていることとって、やはりとても珍しいと思うの。あなたの書いたものは、懐疑主義者や無神論者から多くの反発を受けるはずよ。絶対に確かと言えることとか、あるいはあなた以外の誰かによって保証され得るようなこと以外、書いてはいけないわ。私を介してだけれど、あなたは『あの世の生』の輪郭に触れたわけで、その場合注意しなければならないのは、絶対に想像の世界にはまってはだめってことなの。例えば、あの写真の件を考えてみてちょうだい」

それは三日前に起きた出来事だった。引き出しの中にとてもよくできたカトリーヌの大判の写真を見つけた私は、大喜びでベッドの前にあるたんすの上に置こうとした。しかしカトリーヌはためらっているように感じられた。そこで、尋ねてみた。

「あなたが私のことを考えてくれるのは嬉しいわ。憂鬱な気分に襲われた時、私を呼んでくれるのもね。でも、だからと言って、被虐的になってほしくはないの」

「でもね、きみの写真はあっちこっちにあるんだよ。リビングルームにだってキッチンにだって……」

「そうね。でもここにおけば、一日に何度も何度も写真の前を通るでしょう。そのたびに、きっと胸はチクッと痛むはずよ」

「そう心配しなさんな。美人の妻を思い出すのは喜びさ」

そう言って、私は写真を壁に立てかけた。

次の瞬間、写真は壁と家具の間に滑り落ちてしまった。拾おうとしても無駄だった。手が届かないのだから。その時、別の部屋で電話が鳴った。電話を終えて部屋に戻った私は、カトリーヌが写真を落として拾えないようにしたのだと確信していた。

「いいえ、違うわ、困ったちゃん。がっかりさせて申し訳ないけれど、私はまったく関係なしよ。あなたの置き方が悪かったから、勝手に落ちたの」

彼女がこのようにはっきり言わなかったら、私は間違うところだった。

翌々日には、逆の事例が生じた。お手伝いのジョゼファがリビングルームで掃除している時、私はキッチンで新聞を読んでいた。突然、ジョゼファがひどく興奮してキッチンの入り口に現れた。

「だんなさま！　聖水盤が！……」

（我が家には、窓の前に大きな石でできた聖水盤がある。それは円柱の上にのっているが、しっかり固定されているわけではない）

「聖水盤がどうしたって？」

「動いたんです！　何度も！　奥さまが、私に挨拶してくださっているんじゃないでしょうか？」

「きっとそうだよ。彼女はきみが大好きだったからね」

純朴なジョゼファをがっかりさせたくはなかったからそう答えたけれど、ただ単に、道路を大型トラックが通ったせいで円柱上の聖水盤がちょっと揺れたのだと、頭から信じ込んでいた。

夜、やって来たカトリーヌに、その『大事件』を報告した。

「ジョゼファは本当に幸せそうだったよ。彼女は、きみがちょっとした親愛の情を示してくれたんだって言っていた。もちろんぼくは反論したりしなかったけれどね」

「それはよかった……。だって、聖水盤を動かしたのはこの私だったんだもの。ジョゼファは間違っていなかったのよ」

さて、本題である私の著作に、話を戻そう。

カトリーヌの目は確かだ。風が吹こうが雨が降ろうが一日最低四ページは書くというノルマを課さなければ、本は書き上がらない。私はすぐさま執筆に取りかかった。

その日、私は十一時になると、帽子とコートを身につけた。正午に、編集者の一人、ジャック・グランシェとヴォジラール通り九十八番地にある彼のオフィスで会う約束になっていた。ギイ・ブルトンから預かっている『クレマンソー』を届けるつもりだったのだ。それは私が監修を引き受けている『ユーモア……』シリーズの一冊で、ジャックの息子であるミシェルが編集を担当していた。

約束どおりの時間に到着し、本の表紙をどのようにするか、とりわけ念入りに検討した。どれもこれも完全に満足のいくものではなく、結局、近々会ってもう一度話し合うことにした。

オフィスを出たのは、午後一時近くだった。家に帰ろうか？　うん、それも悪くない。でもそうすれば、昼食はかなり遅くなってしまう。結局、モンパルナス駅近くで、あまり高くなく、しかも感じのいいビストロを探そうと決めた。それは難なく見つかった（あのあたりでは、そのような店にこと欠かない）。

おいしそうな肩ロースのステーキとフライドポテトに取りかかろうとした時、カトリーヌがやって来て、前に座った。まったくの予想外だった。というのも、食べ始めた時からずっと、答えもみつからないまま例の表紙の問題に思いをめぐらせていたからだ。姿は見えないけれど、彼女の気配は非常に濃厚で、私はフォークを手にしたまま口をぽかんと開けてしまった。

「来てくれるなんて、やさしいね。もうちょっとで退屈するところだったよ」

「またフライドポテトなの、困ったわね！　食べちゃいけないって言われているじゃない」

「ぶつぶつ言うなよ。すごく食べたかったんだから」

私は感じた。彼女が寛大にも微笑んだのを。せっかく来てくれたので『クレマンソー』について意見を聞かせてほしいと頼んだ。彼女はよく考えてみると約束してくれた。

「もう行くわ。あなたはその問題をしっかりお考えなさい」

勘定をすませると、私はメトロのモンパルナス駅へと向かった。

プラットフォームに立って、迷った。ポルト・ド・クリニャンクール行きに乗るのがいいのか、それともコンコルドで乗り換えるのがいいのかと。私はいつもメトロの路線図を携帯している。ベンチに座ると、札入れからそれを取り出し、札入れは隣りの席に置いた。明らかにクリニャンクールのほうが都合よかった。私は立ち上がって、歩き出した。

「あなたっ！」

呼びかけは、まるで命令のように聞こえた。その強さは彼女がうしろにいるのではないかと期待してしまうほどで、私はぎこちなく振り返った。その時、若い男がゆっくりとこちらへ近づいて来るのに気づいた。彼は手に何か持っていた。自分の札入れのような気がして、上着の内ポケットを探ってみた……。間違いない、あれは私の札入れだ！　私が近づいていくと、彼はそれを差し出した。

「ベンチの上にありましたけれど……。あなたのものですか？」

私はうなずき、礼を言って受け取った。

「ああ、私がいなかったらどうなっていたやら！」と、カトリーヌがからかいを含んだ非難の声で囁いた。

確かにそのとおりだ。もし彼女が私を振り返らせてくれなかったら、あの若い男はモンパルナス駅のベンチに置き忘れた札入れを返してくれただろうか？……あやしいものだ。

ポルト・ド・クリニャンクール行きのメトロの中で、カトリーヌは私のそばにいた。

「どうして車に乗らないの？」

「交通違反を食らわずに駐車するなんて、できないいんじゃないかって思ったんだ」

「昨日、車をとめるのになにか問題でもあったかしら？」

いや、なかった。昨夜はフランシス・レイ夫妻から夕食に招待されていたのだが、トレモワル通り十九番地に到着すると同時に、家のまん前のおあつらえ向きの場所から一台の車が発車していったのである。なんてついているんだ！

カトリーヌの言うとおりだ。ゴルドから戻って以来、行く先々でいつもちゃんと駐車スペースは見つかった。それを思い出すべきだった。あまりにうまく行き過ぎて、友人たちが悔しがるほどだった。

「ええっ、このあたりで駐車場所が見つかったの？」

「うん、家の前にとめたよ」

「夢みたいな話ね……」

もちろんカトリーヌに聞いてみた。この特別な恵みは彼女のおかげなのか、それともひどく幸運なめぐりあわせなのかと。

「あなたが気楽に駐車できるよう、他の車を手品みたいに消してしまう力なんて、もちろん私にはないわ。話はもっとずっと簡単よ。先に空いた場所を見つけて、そこにあなたを誘導しているだけ。もちろん空いた場所があればの話だけれど。『右へ行って』とか『左に曲がって』とか『あと百メートル行って』とかって囁いているの。あなたは必ずしもそれに気づいているわけじゃなく、潜在意識でとらえて、その結果、私が導いている場所へ行くってわけ」

論理的だ。論理的だし合理的だ。しかしカトリーヌには、時としてあまりにも謙虚過ぎるという欠点があるのではなかろうか。実際、三週間前にもそんなことがあった。

オルヴィック夫妻が、自宅での夕食に呼んでくれた（私たちはゴルドで知り合い、親しくしていた。彼らは彼の地《か》にとても美しい邸宅を所有していて、夏はそこで過ごしている）。上流階級の人間が数人招待されていて、私はエレーヌ夫人から、どんなに遅くとも午後八時までには到着するよう、念を押されていた。というのも、客の二、三人はかなりの年配で、早寝を習慣にしていたからだ。

それゆえ、私は午後七時にガレージから車を出して出発した。フランソワ一世通りの駐車スペースは、土曜日にはいっぱいになる恐れがあったからだ。

リヴォリ通りまではたいした問題もなく走れた。しかしリヴォリ通りに入るや否や、渋滞に巻き込まれた。バンパーをくっつけんばかりのすし詰め状態が地平線のかなたまで続き、わずかたりとも進むのは不可能だ。そこで、橋を渡って左岸へ回った。

やれやれなんてことだ！　トゥルネル河岸にも同様のひどい光景が広がっていた。全然進めないのだ。クラクションをいくら合唱のように鳴らしても、事情はなんら変わらなかった。

私も車の渦に巻き込まれ、身動きが取れなくなった。ただ時間だけが空しく過ぎていく……。時折、猟犬の群れを駆り立てるように、わずかな動きが生じた。そうすると五メートルぐらいは前進できた。七時五十分、私はノートル・ダム付近にあるポン・オ・ドゥーヴルの交通信号にひっかかり、動けないでいた。一キロ進むのに五十分もかかっている！　どう考えても、十分でフランソワ一世通りにたどり着くなど不可能だ。私はカトリーヌに嘆願した。

「ねえ、お願いだから道をあけておくれ。十二人もの客を、夜の九時まで待たせるわけにはいかないよ！」

信号は青に変わった。それを渡ると、道はどこまでもガラガラだった。堤防道路もアンヴァリッド橋も同様で、思いのままスピードが出せた。

オルヴィック家の前にゴルフをとめた時、時計は七時五十九分を指していた。私が呼び鈴を鳴らしたのは、八時ちょうどだった。

もちろん、パリではそんなことなど珍しくないと言う人もいるだろう。どこかで交通渋滞が起きているかと思えば、渋滞などうまくかわし、アクセルをいっぱいに踏んで運転している人もいる。確かにそのとおりだ。それでもやはり、車を降りながらカトリーヌに感謝した。粋《いき》な彼女は何も答えない。

「たいしたことじゃない」ってわけだ……。

とはいえ、私はこの種の出来事すべてを、行き届いた可愛い妻の力添えによるものと断定するわけではない。「原因を特定できない幸運な出来事」の項目に書き加えるのである。注意するようにとの彼女の警告に、きっちり従っているのだ。

「好都合なことやあなたの意にかなったことが起きても、そのすべてを私のおかげと思ったりしないで。私はできるだけあなたを守る。それは本当よ。最高の助言をするつもり。よい選択、よい決定ができるよう、導くつもりよ。『ニヴィエール医師に電話して』とか、『電話帳のイエローページで探して』とかいった類のね。でもあなたの人生はあなた次第なの。幸運は今まで同様これからも起こるでしょうけれど、災難だって、やはり同じように降りかかるわ。幸運のほとんどは私と関係なく起きる。そして災難に関して言えば、あなたは疑っているみたいだけれど、私にはまったくどうしようもないの」

こんなふうに、考えを述べ合ったり、あるいはとりとめのない話を交わしたりしている時、私は質問をいくつも投げかけたくてうずうずする。例えば、

「きみのように『肉体を持たない霊的存在』が、どうすれば、そんなにうまくものごとに目を光らせたり、聖水盤を動かしたり、テレーズの髪を撫でたりできるの？」と。

「あら、私は『霊的存在』なんかじゃない！　どう言えばいいのかしら……いずれにせよ少なくともまだそんなふうにはなっていないわ。私の身体は、確かにあなたの目には見えない。でも肉体的な身体とまったく同様の機能が備わっているの。見ることも、聞くことも、触ることも、香りを嗅ぐこともできる。それにもちろん、笑うことも微笑むこともできるし、愛することも、自分の考えを伝えて理解してもらうこともできるの。私が宿るこの独特の身体は、肉体的な拘束や衰えや重さから完全に解放されている。でも相違点はそれだけ。本質的に霊的な性格を持つと同時に、人間的なものでもあるの。いわば過程の一つであり、過渡的段階であり、中間的状態なの……」

「もしきみが見えたとしたら、あるいはいつかぼくの前に姿を現せるとしたら、いったいどんな姿なんだろう？　それはとっても稀だってきみは言っていたけれど、ありえなくもないんだろ」

「あなたの知っている姿と同じはずよ。でも醜さや苦しそうなところはまったくないの。愛がすべての鍵なのよ。愛があったからこそ、私たちはこんなふうにコミュニケーションできるんだもの。とにかくすべてを決するのは愛なの。だからあなたの目に映る私の姿は、私たちが初めてあ

った時の姿、そしてあなたが愛してくれたあの三十年前と同じはずよ」

「見たいな……。でもきみは今のぼくを醜いって思うだろうな……」

「ねえ、ダーリン、私はあなたを、初めて会った日から最後の日までずっと愛していたわ。大切なのはそれだけよ」

「きみはいつも愛について話すね……」

「そうよ。これからもしょっちゅう話すと思うわ。愛っていうのはね、魔法の言葉であり、魔法の概念なのよ。さっきも言ったとおりすべてを決する鍵なの。この世でもあの世でもね。愛はすべての扉を開くわ。どんなに厳重に閉じられた扉でさえ。だから私たちを真実の愛で包んでくれ、私たちのほうも心から愛した動物たちは、ここで一緒なのよ。驚いた？」

「いや、全然。そのとおりだと思うよ」

「もう晩《おそ》いわ。ベッドにお入りなさい。明日はしなければならないことがいっぱいあるんでしょう」

（この会話にはいかなる手も加わっていないと、私は確言できる。なぜなら、その時、私はデスクに向かっていたので、話しながら順次書き留めていったからだ）

翌日、彼女がやって来るや否や、昨夜の話について感じた恐れをぶちまけた。

「昨日のきみの話を公表したら、皆、ぼくの頭がおかしくなったと思うよ」

「それがどうしたっていうの？　たぶん、あなたを変だと思う人もいるでしょうよ。でもね、あなたを信じる人は、書かれたものの中に慰めと心の平穏を見つけるはずよ。重要なのはそういう人たちよ。だいいち、この手の本を書くのはあなたが最初ってわけじゃないし」

「確かに、このようなテーマの本があるってことは聞いたよ。ぼくは一冊も読んでいないけれど」

「そうね。でも、読んではだめよ。一冊だって読んじゃだめ。何からも、誰からも影響を受けてはいけないから。あなたは目で見たこと、耳で聞いたこと、そして自分で確かめたことを書けばいいの。それが他の本に書いてあることと同じか、あるいは反しているかなんて気にせずに。約束してくれる？　どんな本も読まないって。さもなければ、もう何も話さないわよ」

「ほんの少ししか話してくれないんだものな……」

「そんなことないわ。いっぱい話しているじゃない」

「でも、いまだにきみがどんなところにいるか、知らないんだよ……。どうして話してくれないんだよ？」

「話したくないわけじゃないのよ。ここのすべては、観念的にも概念的にも、そして語彙《ごい》的にさえ、違ったやり方で表現されるの。あなたにそれは理解できない……。言い換えの間違えや、根拠のない解釈や、妄想や無理解を、私たちは恐れているの。それは結局、異端や間違った結論に行き着いてしまう。ある種の超自然的なことに関して、あらゆるキリスト教会は間違っている。私たちの信じるカトリックもね。そして理解力の欠如を補おうと、人々は『あの世』に単純で浅薄な想像の産物をくっつけるの。たぶん人間にも理解できるスケールに置き直すためだと思うんだけれど。でもそんなことをしても、誤解や行き詰まりにぶつかるだけなの。真っ白なひげをはやした品のいい年寄りみたいな神さまが、ちっちゃな雲の上にローマ皇帝然として腰掛けているとか、二つに分かれたつま先を持つ悪魔が、ニヤニヤ笑いながら地獄の火を掻き立てているとか、白鳥みたいな純白の翼を持つ、きれいな白いドレスを着た守護天使とか。それにあなたが昨日口にした『肉体を持たない霊的存在』だってそうよ。ゾンビみたいに天空を漂っているってことになっているんだから……。それらに魅せられていた子供も思慮深い大人になれば、サンタクロースや鐘から落ちてくる復活祭の卵や眠れる森の美女に対してと同様、見向きもしなくなる。まあ、当然といえば当然だけれど」

「ある意味、きみもそうだったよね？　つまり、ぼくの言いたいのは、何でも疑ってかかっていたってことなんだけれど」

「私の心を乱したのは、動物たちの苦しみだったの。動物は無垢《むく》よ。だから、ライオンがガゼルに飛びかかって喉に食いつくようなドキュメンタリー番組をテレビで見ると、私は憤慨したものよ。なぜ善であると言われている神が、そのようなことを許すのかってね」

「で、ぼくはきみに言ったよね、動物は食べるために殺すのであって、楽しみのために殺したりはしないって。それに、苦痛など感じさせずに殺すんだって。拷問を考えついたのは動物ではなく人間なんだから」

「それを聞いて、私はあなたに質問したわね。猫は野ねずみをがぶりってかみ殺す前に何時間も遊ぶけれど、あれはいったい何なのって」

「殺す前の遊びは、野生動物、あるいは人間に捨てられて野性に戻った動物たちが、反射的な狩猟行動や自己防衛本能の鋭さをそっくりそのまま保つため、必要不可欠な運動なんだって、ぼくは答えたよね。狩猟行動や自己防衛本能は生き延びるために欠くべからざるものだし、この『遊び』が野ねずみを傷つけることはほとんどない。その証拠に、ぼくたちがいつもミミやルルの牙から救い出して放してやった野ねずみには、かすり傷ひとつなかったからね」

「あのころ、あなたは私よりものごとをはっきり見ていたし、表面上の矛盾も見抜いていたわ。今では立場は逆になったけれど」

「まさしくそうだね。今きみは何を考えている？　つまり、何がよりよくわかるようになったのかな？」

「その論議は、もっと高いレベルで行なうのが相応ね。天地万物とそれを活発に動かしている生命は、なによりも大いなる均衡の掟《おきて》によって支配されているの。すべてのものには相対立する存在がある。昼があれば夜があり、白があれば黒があり、悲しみがあれば喜びがあり、善があれば悪があり、そしてもちろん生があれば死もあるの。正反対の存在なくして、何も存在することはできない。死なくして生はあり得ないの。この場合の生とはもちろんこの世の生のことよ。死は創造における制御なの。それがなければ、生は内部崩壊という最悪の形で自滅する。考えてもみてちょうだい、地球は、肘と肘をつきあわせ、お互いに踏みつけあう生き物に覆われるのよ」

「中国みたいにすることもできるよ。つまり出産を規制するのさ。禁止だってできるし」

「あらゆる魂は、いつか人間の姿をとらなければならないの。順番にね。この世は選ばれた魂だけのものじゃない」

「でも、なぜ肉体を持たなければならないんだ?」

「それぞれの魂が自由に、善か悪かを選ぶ機会を持てるようによ。創造の全過程の中で、私たちが自由にできるのはその選択だけなの。それ以外はすべて定められているから」

「きみがこんなふうにいろいろ話してくれると、びっくりしたりせず、素直に聞けるよ」

「私があなたに話すのはもっとも単純なことだから、誰にでも理解できるわ。あなたはその最初の人ってわけ。知り、理解したことを少しばかり話しただけよ。でももっといろいろあるわ!

私は習い始めたばかりなの。まだまだ学ばなければならないのよ」

「もしきみが知っていることを全部話してくれたとしたら……」

「あなたには理解できないでしょうね……。猫に気をつけて。新聞を破いているわよ」

「ミミってやつは時々悪魔みたいになってしまうんだから! 見ろよ、ぼろぼろだぜ! ごめん、何を話していたんだったっけ……」

「伝達不可能なことを無理に言い表したり説明したりしようとして、あなたの使っているような語彙《ごい》を用いるとどうして危険なのか、話していたのよ。例えばよ、もし、『私は光の最初の輪の中にいる』って言ったら、あなたはどんなことを想像する?」

「わからないよ。うーん、長い道のりってとこかな」

「悪くないわ。でもそれよりも、光に満ちた上昇って言うほうが近いかな……。いずれにせよ、これ以上話せない」

「これはどうしても聞いておきたいんだけれど、ぼくがきみを呼んでも、迷惑じゃないかい？何か大切なことの邪魔をしたりしていない？」

「いいえ、それはないわ。ここでは皆、使命を帯びているの。私の使命はまず何よりも、あなたの面倒を見ること。これは私自身が望んだことでもあるんだけれどね。あなたには必要だもの。それから、猫たちや友人たちを見守るのも私の使命よ。もっと先になれば別な使命を受けると思うわ」

「例えばどんなもの？」

「わからない……。でも、証言を使命にしている者もいるわ。あら！　お湯があふれているわよ！」

「わっ！　猫たちの魚を煮ていたんだった！」

「見てごらんなさい、なんて様《ざま》なの。全部ふき取るしかないわね。調理プレートの調節パネルと扉の押さえ具を拭うの、忘れないでね。放っておくと、ひどい臭いがするから。もう行くわ。ジャクリーヌの具合が良くないの。私の助けが必要みたい」

「ねえ、『あの世』には、怖いものなんて何もないのかい？」

「あるわけないじゃない！　まったく逆ね。何もかもが私を安心させてくれるわ。じゃあまたね」

恐れ、それはカトリーヌには無縁の感情だ。少なくとも肉体的恐怖は。彼女は生まれつき危険など恐れない人間なのだ。結婚式を挙げた日、そう、アメリカでのあの夜を思い出す。証人になってくれたジャック・サルベールに夕食をご馳走したあと、カトリーヌはハーレムに行ってみたいと言い出した。

「ええっ、だめだよ！」と、サルベールが声を上げた。

「特に夜はだめ。日が沈んでからハーレムに足を踏み入れる向こう見ずな白人なんて、アメリカ人の中にはいないよ！」

それでも彼女の興味はハーレムにそそられているようだったので、サルベールの警告にも拘《かか》わらず、私たちはセントラルパークの端っこまで行き、黒人居住地区との境界あたりでタクシーを降りた（運転手は、それ以上進むのを拒んだ）。

私たちは、みすぼらしくて不潔な薄暗い通りを歩いて渡った。

袋小路の突き当たりにあるカフェらしい大きな店から、えも言われぬ音楽がもれていた。

私たちは中に入った。

なんと中ではジャズが演奏されていた。私はジャズが大好きだ。ビールを注文し、興奮に満ちた雰囲気の中で、桁外れにうまいジャズマンたちの演奏を長時間にわたって楽しんだ。確かに、そこにいた白人は私たちだけだった……。私は隣りの席の客と話した。夫婦と息子一人で、最初はしかめっ面だったのが少しずつ和らいでいき、最後には親しげと言ってもいいほど打ち解けた。演奏が終わると、彼らは私たちをダンスホールに連れて行ってくれた。踊っているのはすべて黒人で、互いに妙技を競い合っていた。朝の五時ごろ、少々くたびれた私たちはセントラルパークのあたりにたどり着き、タクシーに乗ってホテルへ戻った。

サルベールは不機嫌そうに言った。

「運がよかったんだ。すごくね！」

うん、そうかもしれない。いずれにせよ、私たちはとても楽しんだのだ。

私たちはしばしば、このような過去のよき出来事を思い出しては話した。ある日、彼女に聞いてみた。

「ねえ、もっとも幸せな思い出って何？　もちろんぼくと一緒の思い出の中でだよ」

「たくさんあるわ……。例えばシエナでのこと。なんて素晴らしい街だったでしょう！　ランチのあと、散歩したわね。太陽がさんさんと降り注ぐ人気《ひとけ》のないがらんとした道……。ばら色や青みがかった色をした建物の外壁……。戸口に座っている猫……。堂々としたパリオ広場……。街の人は皆、お昼寝をしていたのだと思うわ……。ねえ、憶えている、聖カトリーヌ教会でのこと？私はあの教会へ行ってみたいと、ずっと思っていたのよ。あそこで人のよさそうな神父さまと出会ったわね。ちょっと歌うようなフランス語を話す神父さまよ。楽しくおしゃべりしたわ。『ああ、あなた方のドゴールは、まったくなんてすごい人なんでしょう！』って、彼は言ったわ。私はもともとイタリア人が大好きだけれど、イタリア人の神父さまが私の守護聖人を祀《まつ》った教会でドゴールへの敬服を口にするなんて。それってまさに贈り物よね！　で、あなたの一番の思い出は何なのかしら？」

「一番新しい一番素敵な思い出と言えば、パリで一週間仕事してからゴルドへ戻った、あの夏の日かな。正午発のＴＧＶは、腰を落ち着けるとすぐ、ちょっとした食事が運ばれるんだけれど、これが結構うまい。その日も乗ると、すでに食器は整えられていた。で、食事を待ちながらウィスキーのペリエ割りを飲んだんだ。その時、ぼくはなんともいえない満ち足りた幸せな気分になったよ……。もうすぐ、きみや、猫たちや、家や、庭の植物や、石塀や、息を呑むほど美しい景色や、ラヴェンダーとタイムのよい香りや、気のおけない友人たちと再会できると思ってね……。刻々とそれらに近づいているんだし。ぼくはすごく気分がよかった。『さあヴァカンスだ』っていうリラックス感と同時に、よく働いたっていう満足感もあったし、その上きみや猫や我が家が待っていてくれると思うと、本当に気持ちが穏やかになった。ぼくはきみたちが待ち望んでくれるに値する人間だってね。そのままもう少し乗っていたいと、ほとんど思いかけたほどだよ」

「私も同じよ。急がなくても時間はたっぷりあるって、自分に言い聞かせても無駄だった。いつだって、列車の到着より一時間も早く駅に着いていたわ。あなたと会い損ねちゃいけないってね。そしてあなたが車両から降りてくるのが見える。でも二回に一度くらい、出会ったり別れたりしている人々の波に飲み込まれて、あなたは私が見つけられないの。それを見ると笑っちゃった……。私は遠くからじっとあなたを見つめていたわ。首を右や左に無理やりねじって探しているあなたをね。私に気づくよう、声をかけなければって思うの……。『困ったちゃん、ほら、こっちよ！』ってね……」

時々、カトリーヌは猫たちを籠に入れて連れて来た。そうすると、車の中はさながらお祭り騒ぎとなる。

猫は私たちの人生において、常に重要な位置を占めていた。周知の事実だが、猫は排他的である。つまり、彼らの愛情の主要な部分は、特定の人物一人だけに向けられる。他の者はそのおこぼれにあずかれるだけだ。ミミが『この人』と心に決めていたのは私だ。それにはなんらの疑いもない。ルルはカトリーヌを愛していた。すでに書いたように、彼なりのやり方で。そして私に、思いがけない贈り物を取っておいてくれたのが、まさにこのおちびのルルだったのである！

その日、私はボニエ夫妻から夕食の招待を受けていた。身支度をすっかり終えると、留守中猫たちがおとなしくしているよう、出発前に餌皿を満杯にした。キッチン・カウンターにのっていた猫たちは、みごとな食欲を見せて食事に突撃した。突然、ルルは皿から顔を上げると床に飛び降り、リビングルームのドアに向かって駆け出した。そしてドアの敷居で立ち止まり、部屋の中を熱心に探った。不安を通り越し、ほとんど動転しているようにさえ見えた。何か見えるか聞こえるかしたのだろうか……。

私はリビングルームに行った。しかしルルはついて来なかった。当然ながら、リビングルームには誰もいなかった。人間にせよ動物にせよ、いかなる侵入者もなかった。キッチンに戻ると、ルルは毛を逆立たせ、尻尾を三倍の太さにふくらませていた……。猫はみな、危険が迫ったり、怖がったり、不安になったりすると、そうなるのだ。

「大丈夫だよ、ルル。リビングルームには変わったことなんか何もないし、誰もいないんだから。犬も猫もね。そんなに怖がらなくてもいいんだよ」

それでもルルは目を大きく見開き、毛を逆立てたまま動かなかった……。その時、私はカトリーヌの声を聞いた。

「あなた、私よ」

私は非常にはっきりと彼女がデスクの前にいるのを感じた。昨日書いて引き出し板の上にのせてあった私の文章を、読んでいるようだった。彼女はキッチンに続くドアのほうを向いていたので、その結果、ルルと向かい合う形になったのである。

ルルは彼女の存在を感じたのだ！

猫をよく知っている人なら、猫の勘がひじょうに鋭く、間違いなど決して犯さないとわかるはずだ。この小さな猫の『証言』には、この上もなく重要な意味がある！　本書の最初からずっと、すべては私の夢であり、うわごとであり、なにもかも頭の中で作り上げたあげく、望みを現実と取り違えていると考えながら読んでいた人もいるだろう。しかしそのような人に対しても、ルルの行動はカトリーヌが家にいる十分な証拠となるのではなかろうか。ルルの行動がすべてを保証していると思うのだが。

でも、ルルはなぜ、その時に限ってそんな反応をしたのだろう？　ずっと普通にしていたのに。おそらく、その夜、カトリーヌの存在感は特別に強かったのだろう。あるいは、私自身のみならず、安心できる私の気配からも離れた隣りの部屋で、カトリーヌの存在を感じるなどとは予想もしていなかったからかもしれない。

これもまた作り話だと思われる方は、どうぞすぐさま本を閉じてください。そんな方が、この本から得られることなど何もありませんから。

いずれにせよ、私が『ルルのエピソード』から強烈な印象を受けたことは否めない。猫に関する著書を七冊も出している私は猫通としてとおっているが、このルルの態度によって、猫には私も知らないきわめて神秘的な部分があるのだと、教えられた。

動機づけは二つ考えられたが、それはあくまでも想定でしかない。ほんとうになぜルルは、あんなにもはっきりと、激しく、そして目をひくような反応をしたのだろうか……？

後《のち》に、カトリーヌがその謎を解いてくれた。

「ルルと私の間には、最初からとても強い絆が結ばれていたの。イヴリーヌにはそれがよくわかっていた。だから彼女は、シールでできたルルと同じ大きさの黒猫のぬいぐるみを、サン＝ジョゼフ病院に持ってきてくれたの。私は毎晩、ルルの代わりにそのぬいぐるみを抱いて夜を過ごしたわ。ルルは今までだって私の気配をしょっちゅう感じていた。ウォーク・イン・クローゼットでのこと、憶えているでしょう？　あなたもあの時、ルルが私の気配を感じているんじゃないかって思わなかった？　私たちがキッチンにいる時も時々感じていたみたいよ。ただそれを表さないだけ。でも、昨日の夜、私はルルを呼んだの」

「うーん、これですべてがはっきりしたぞ！」

「ええ、ルルがあんなに強く反応したのは、そのためだったの」

「おちびのルルときみの間には、ぼくたちみたいな意思の疎通はあるのかな？」

「いいえ、それはまったくないわ。私たちとは全然違うの。ルルの場合、働いているのは第六感なの。あなたも前に話していたけれど、猫はみんな第六感を持っているわ。この反射波の不思議な仕組みをちゃんと説明した科学者はいないけれどね。それに、ルルを呼んだことによって私の気配がルルのほうに向かい、影響を与えたのだと思う。だから、あんなに強く感じたのよ。猫たちは途方もなく感受性が強いから」

いまやすべては明らかになった。

これまで書いた部分を読み直してみた。そして、カトリーヌがどんなに理性的であり、一方私たちの言葉がいかに真実性をゆがめているかに気づいた。

私たちの世界は、矮小《わいしょう》で物質的で閉ざされている。そして私たちの貧弱な言葉は、その世界を超越するものすべてを歪曲してしまうのである。「カトリーヌは私に言った」とか、「カトリーヌはそのことについて話した」とか、「ぼくは答えた」とか、私は地上の言葉を使って書いている。しかし、カトリーヌの声を実際に聞いているわけではない。一度だって耳にしてはいないのだ。

彼女の言葉は、私には関係なく、私の脳に届くのである。これについてはもう信じてもらうしかない。私の心をよぎっている彼女とはまったく無関係な考えが、彼女自身の言葉によって中断される時さえある。最初は手探り状態だった。互いの表現の仕方が競合し、影響し合ったこともあった。しかしそのような状態を抜け出し、今私は、彼女のものであるとはっきり識別し得るひじょうに強く明確な言葉を感じ取れるようになった。そしてそれらはすべて完璧な静寂の中で行なわれるのであり、なんらの雑音も入ってはこない……。

彼女は言う。「私たちのコミュニケーションがどんなものか、わかるように書くだけでもとても難しいと思うの。だから、あなたがこちらの世界を垣間見れるよう努力している私の大変さや、それを解読しようとしているあなた自身の大変さは、もう言うまでもないわね。私は苦しんでいる人へ、何らかのメッセージをもたらそうとは思っていない。あの世で何が待っているかを、人々に教える役目は負っていないから。それにはちゃんとしたわけがあるの。私は、あなたにも理解できる、人間的レベルの簡単な事実しか話さない。だいいち、それ以外は話しちゃいけないの。

でも、私が話したことをあなたは周りの人に話してね。それは愛や希望や信仰をもたらすから。聞いた人は安心し、慰められるわ。心と魂に安らぎを感じながらこの世からあの世へと移るのを、手助けできるのよ」

＊＊ 4 平穏

少しずつ暖かくなってきた。雨と突風の何週間かが過ぎ、太陽が雲間からおずおずと顔をのぞかせるようになった。ジロ＝ペトレ率《ひき》いるテレビの天気予報チームは、「平年をはるかに超える暖かさになってほしいものだ」と言っていた。通りには春風の気配がかすかにする……。

ミミはさっき戻ってきたばかりだ。長い間、家に閉じ籠りっきりだったが、今日久しぶりに、二時間だけ外に出たのだ。ルルは大喜びで迎え、まるで一年も会わなかったかのように擦り寄った。今、二匹はキッチン・カウンターの上にのって、夕食が入った餌皿に鼻を突っ込んでいる。私のそばでカトリーヌが、愛情に満ちたまなざしを猫たちにそそいでいる。私にはそれが感じられる。

「ああ、このいたずらっ子たちが大好きよ！　なんてきれいな猫たちなんでしょう！」

「猫は創造の中で、人間とは別な位置を占めているの？」

「ええ。でもいずれにせよ、特別な位置であることには間違いないわ。もちろんかれらの『カテゴリー』においてだけれど。その証拠に、あの比類なき猫ムヌと私の愛犬ムスタシュは、私のそばにいるもの。ハエや七面鳥なんてここではまったく見かけないのに……」

「前にきみは言ったよね、猫が私たちに抱く無私無欲の深い愛と、それに応えるぼくたちの愛ゆえに、猫はあの世に行けるんだって。それに、あの世に行っても、猫はもともと何の使命も負わないんだって。でもそれって、ぼくたちみたいじゃない人にはちょっと認めがたいんじゃないか？」

「前にも話したと思うけれど、愛はすべての扉を開く鍵なの。今、私とあなたを一時的に隔てている扉でさえ開けられる。いいえ、正確に言えば、あの世とこの世を隔てている扉こそを開く鍵なの。私のいる世界は、『地上』の言葉を使って言えば愛の王国よ。もし、神との一体化というこの光り輝ける発見を、地上で愛し合ったものたちと一緒に味わえないとするならば、それは本当に完全な幸せって言えるかしら？　子供が二人も欠席しているのに、非の打ち所ない家族会議なんて言えるかしら？　言えないわよね。それと同じよ。

人間みたいに、あるいは人間以上に私たちを愛してくれていて、私たち自身も子供と同じように愛している特別な動物を、動物だからって真実の生というこの崇高な喜びから、どうしてのけ者にできて？　いかなるタブーの名の下に、大いなる愛を共有し地上における私たちの一部とも言える彼らをこのまったき幸せから切り離さなければならないと言うの？」

「それは答えの一部分だと思うよ。私はそれだけで満足だけれど。でもまだ話してくれていないことがある。神にとって、他のものよりもっと近く感じられる被造物ってあるのかな」

「神はすべてを創造したの。詳しいことはわからないけれど、とにかく巨大な恐竜から小さな小さな昆虫までね。神はそれぞれの被造物をまったく異なるものとして考え出したの。で、異なる姿、異なる特性、異なる役割を与えたわけ。知能程度もみんなさまざまよ。

でも、他より満足に仕上がった作品が、神にだってあるんじゃないかって思わない？　ものを創作する場合、誰にも出来不出来はあるもの。画家も彫刻家も家具職人も、これは特別うまく出来たと思う絵や彫刻や家具があるわ。神にも、特別愛情を込め、とてもていねいに作り上げたものがいくつかあるのは明らかだと思う。

バラはイラクサよりずっと完成度が高いし、蘭は単純な雑草よりずっと念入りにできているわ……。それと同じように、いくつかの被造物が、より入念に作られていたとしても不思議はない。例えば、人間と同じような感情や感動を覚える能力と知性が、人間以外の被造物に与えられてもおかしくないじゃない？　となると、特に入念に作り上げたそれらの被造物に対し、表現は悪いけれど、特別な愛情を持ったり、大目に見たり、……ええいっ、もうはっきり言っちゃうけれど、甘くなったりしないわけがないじゃない。それらの被造物は、私が『無知覚的・機械的動物』って呼んでいるものと、ホモサピエンスの中間的な存在で、言わば『知覚動物』に属するものなの。『知覚動物』を見ていると、彼らは人間にとてもよく似ていると気づくわ。一生を共にしたいと願うほど、人間に近い存在なの。それに当てはまるのが犬と猫よ。

彼らって本当に美しいけれど、それって偶然だと言える？

私たちと彼らを区別するのは、能力差はもちろんだけれど、知性の形態なのよ。犬は人間と同じようには行動しないし、その反対に人間も犬みたいにはできないもの。でも一番大切なのは、人間だけが『神の姿に似せて』創られたってことよ。つまり、人間には、他の能力に加えて、倫理的選択ができるような機能や能力や特性も与えられているの。倫理的な選択ができるのは人間だけよ。動物にはできないわ。彼らにできるのは本能的、もしくは気分的な選択、あるいは生き延びるための選択だけよ。

人間には最初から、創造主に対して一種独立した立場をとる権利が与えられていたの。その自由をどんなふうに使うかは、人間に任されている。つまり、神に近づくのか、それとも神から遠ざかるのかを決めるのは人間自身なの。動物にはそんな自由は与えられていない。彼らは生まれてから死ぬまで、神の力のきらめくかけらでしかないの。でもね、動物たちのうちのいくつかはとりわけ輝き、とりわけ愛されている。そのため、神に特別近いかけらなの」

「で、そのような動物、あえて言えば選ばれたものっていうことになるけれど、その中で最も神に近いのは何なんだい？」

「今、答えるわ。でもその前に、これだけはあなたに理解しておいてほしいの。今、私が話しているのはすべて、啓示とも、施された教えとも、思いがけず神が与えてくださったきらめく知識とも無関係なの。ただ単に私の目から鱗が一枚ずつ落ちていって、わかっただけ……。あなたを楽しませるために私は考え、推論したの。地上でかぶった塵をすべて振り落としたあとの、まったく新しい知性でもって、完全に描き直したイメージをね。

とにかく、現段階で私にできるのはそれなの。この先、さらに進んだ段階が私を待っているはずよ……。さあ、それではあなたの質問に答えましょう。

創造主の最も近くにいると思われる動物は、明らかに彼らよ。紀元前のエジプトにおいて女神バステトと呼ばれたりしたように、しばしば神格化された彼ら。蒙昧さが蔓延していた時代には人間に理解し難い存在だったため恐れられ、悪魔と同一視されて魔女と一緒に焼き殺された彼ら。解明できない謎に包まれた驚くべき天賦の才を持つ彼ら。そして作家、哲学者、学者を何代にもわたって魅了した彼らよ」

「猫ってこと?」

「そのとおり。他のどんな動物に、今の私の存在が感じられて? この間の夜みたいに……。ルルの中に、ほんのちっちゃなかけらとはいえ神性があったからこそ、姿なき私が見えたのよ。そう思わない?」

「もしぼくがそれを書いたら、読者は言うだろうな。『やっぱりね! 七冊も猫の本を書く猫大好き人間だから、猫側に立つのは当然さ。それだけでは満足できずに、今度は、カトリーヌを自分の代弁者にしたってわけだ』ってね……」

「人が何を言ったり考えたりするか気になるんだったら、この原稿は今すぐゴミ箱に投げ入れちゃいなさいよ。私は、なけなしの知っていること、理解したこと、あるいは理解したと思ったこと、そしてあなたにも理解できるだろうと思うことを、話しているのよ。信じようと信じまいとあなたの勝手。でもね、思い出してちょうだい。私は一度だってあなたに嘘なんてついたりしなかったわ！」

「信じているよ！　ただ、人から苦笑いされるのがいやなだけなんだ」

「仮に苦笑いする人がいたとしても、それは一度も猫と見つめ合った経験のない人に限られるわ」

この会話も、彼女の返事を聞くたびに書き留めたものだ。校正したのは、話し言葉ゆえの乱れと、繰り返しだけである。それ以外は手付かずのままだ。

カトリーヌは、まったく新しい知性を働かせて動いていると、話しの最中に言っていた。

確かに、私もそれは気づいていた。

誰もが認めるように、生前、彼女は類《たぐい》まれなる知性の持ち主であった。今、それ以上に知的になったというわけではないが、論法の組み立てはより堅固となり、思考はさらに進み、言葉遣いさえ変った。非凡な言葉や、『動物は神の力のきらめくかけら』とか、『神との一体化という光り輝ける発見』とかいった、みごとな表現を用いるようになった。つまり、彼女の話は、より豊かになり、より練られ、より心にしみるようになった気がする。

それゆえ、私は常に、彼女の話を忠実に伝えようと留意した。そして、少々ふざけた会話や日常的な会話が重要な話に向きを変え始めるたびに、話を遮《さえぎ》りこう言うのだった。

「ちょっと待って。なにか書き留めるものを持ってくるから」

正直なところ、私には二人のカトリーヌと向き合っているような感覚があった。一人は、かつてこの世に生きた愉快で皮肉っぽく隠語を好んで使うカトリーヌで、鍋から湯がふきこぼれているといっては私を叱り、「猫に気をつけて！　餌を半分テーブルクロスの上に持って上がったわ。なんて不潔なんでしょう、まったく！」と叫んだりする。そしてもう一人は、『あの世』の住人である今のカトリーヌで、私に、『あの世』の偉大なる眺望を少しだけ見せてくれる。でもそれはなんとわずかで、稀なんだろう！　私としては、早くあの世で彼女に再会したいものだと、だんだん強く思うようになってきているのだが。

とにかく、このように感じていたのは、私だけではなかった。最近夕食を共にしたイヴリーヌ・ルセールも同じような感想を述べていた。

「あなたの書いたものを読むと、所々に出てくるカトリーヌの話し方がとても印象に残るの。あれってあなたの文体じゃないし、あなたの話し方とも違うわ。それに、いつだったかの夜、とりとめもないおしゃべりをしていた時のカトリーヌ自身の話し方とも異なっている。まるで、誰か別の人物と話しているみたいな気になるの。とはいっても、あちこちにカトリーヌだとわかる特徴は残っているんだけれど」

原稿に向かってペンを走らせていると、カトリーヌが私のほうにかがみこむのが感じられた。

「書いたばかりのところ、読んだ？」

「ええ、もちろんよ」

「ねえ、きみは文句を言わないかい？　つまり、ぼくとイヴリーヌの意見についてなんだけれど」

「ぜんぜん。それって当然よ。だって私の頭は天上にあって、足は地上にあるんだもの」

このイメージも私には考えつかないものだ。そこで、あわてて書き留めた。


車の中でも、私たちはいろんな話をした。私の行く所に、彼女はよくついてきた。私にとってはきわめて好都合だ。常々パリでは移動に手を焼くが、カトリーヌは最も空いている最短のルートをいつもみごとに見つけた。ほどなく、私はルートを地図で確かめなくなった。それまではエンジンをかける前に、地図を見るのが習慣だったのだが。今では彼女の誘導にまかせている。「右に回って」とか「まっすぐ行って」とか「交差点を左に」とか「信号を渡ったら右に」とかいうように。まったく言うことなしだ。そのおかげで、頭の中に妻とちょっとしたおしゃべりをする余裕ができる。


その朝、私は編集者の一人と会う約束になっていた。しかし、例によって車の流れが悪く、私たちには話し合う時間が十分あった。愛した動物とあの世で再会できるという話は、あの後もずっと私の頭から離れなかった。そこで私は再びその話を持ち出してみた。

「きみがこの間してくれた動物に関する話は、動物好きの人間を手放しで喜ばせるだろうけれど、本当に正統的な考えかどうか、ぼくにはちょっとわからないな……」

「私の話したようなことは動物たち、あるいは私たちには禁じられているって、どこかに書いてあった？」

「いいや。どこにも書いてないよ」

「ここではね、どんな小さな愛のかけらだって、すべて正当に認められているのよ。ねえ、ドゥドゥの話をしてよ」

「その話は、もう別の本に書いてしまったよ」

「誰も彼もが、あなたの書いた『猫の愛』を読んでいるわけではないのよ。あの話を聞けば、もっともっと納得しやすくなるわ」

「きみがそんなに望むなら……」

ということで、以下にドゥドゥの物語を記そう。


ドゥー＝セーヴル県の美しい街トゥアールに、年老いたムッシュと、彼の娘フランソワーズと、ドゥドゥと呼ぶと答える（答えたい時に限られていたが）きれいな黒猫が、とても仲良く暮らしていた。

ムッシュはすでに仕事を辞め、妻にも先立たれていた。彼らが住んでいたのは、ベルジョン大通り三番地だ。

こう書いても、フランソワーズは怒らないだろう。なぜなら、これから話すことは地方紙に写真つきで載ったからだ。

ドゥドゥがフランソワーズになついていたのは確かだ。しかし生涯をかけて愛していたのは、年老いたムッシュのほうだった。ムッシュもその愛にきちんと応えていた。

そんなある日、ムッシュはこの世を去った。

フランソワーズは深い悲しみをこらえ、このような場合にしなければならないさまざまな雑事をこなした。

葬儀の日、彼女はドゥドゥをキッチンに閉じ込めると、父親を埋葬するため、トゥアールのもう一方のはずれにある墓地へでかけた。

三日後、ドゥドゥは運悪く開いていたドアから抜け出し、姿を消してしまった。

フランソワーズはあちこち探し、新聞に広告を載せ、隣人たちの協力をあおいだ……。しかし、ドゥドゥはみつからなかった……。

次の日曜日、父親の墓に花を手向けに行った彼女は見た。墓石の上に座ってじっとしているドゥドゥを。大切な友が永遠の眠りについている墓の上に彼はいたのだ。

ムッシュの最後の目的地がこの墓地だと、どうしてドゥドゥにわかったのだろう？　埋葬中、ドゥドゥは家に閉じ込められていたというのに！　そして、なぜ、一度も行ったことのないこの広い墓地の、まさにその大理石の墓石の下に、この世で一番愛した者の抜け殻が眠っているとわかったのだろう？　ドゥドゥには墓銘など読めないのに……。

家に連れて帰ろうとしたが、ドゥドゥは動かなかった。

かくしてフランソワーズは、なんと二年もの間、墓石の上から動こうとしないドゥドゥに、毎日食べ物を運び続けたのである。雨が降ろうと、風が吹こうと、雪が降ろうと……。一九九〇年の出来事である。

出版した『猫の愛』には、ムッシュ・サレの墓石の上に座るドゥドゥの写真が載っている。フランソワーズが送ってくれたものである。

ドゥドゥはその後、死んだ。凍死だった。愛する友を、風や雨や雪の中へ置き去りにしたくなかったドゥドゥは、墓石の上で死んだのだ……。

「これがドゥドゥの物語だよ」

「ええ、ありがとう。もし、ドゥドゥが大切な友人と再会できないとしたら、正義はどこにあるのか、そして、自分が創り出したものに対する神の愛はどうなっているのかって、聞きたくなるわよね。ちっちゃな黒猫が愛したムッシュは、それに応えるだけの愛をもって『あの世』で待っているはずだし、『あの世』では正義と神の愛こそがすべての基本なのだから。この素晴らしいドゥドゥぐらい深い愛を持っている人間なんて、そんなにたくさんはいないいんじゃないかしら？これが愛じゃないって言うなら、愛が何なのか、もっとはっきり示す例を挙げてほしいものだわ……」

私には、もう何も言うことはない。彼女が言うとおり、「どんな小さな愛のかけらもすべて正当に認められている」のならば……。

私は歩くのが好きだ。時を選ばずできる運動だし、私がかかっている心臓専門医も推奨している。それに、私の住んでいるマレ地区のこの一隅には衣服を扱うものを除いて商店がまったくないので、ほとんど毎日、買い物に行くため、歩かなければならない。まあ、商店が軒を並べているサン＝タントワーヌ通りやブルターニュ通りはそれほど遠くないので、苦にもならないのだが。

買い物に出かける時には、頼まなくともカトリーヌがお供してくれた。彼女は私と『腕を組んで』、ぶらぶらするのが好きだ。

言うまでもなく、そのような散歩は、長いおしゃべりにもってこいの場となる。時間はたっぷりあるのだから。その土曜日、彼女は私に、果物と新鮮な野菜を買い出しに行くよう決心させた（「肉のソース煮込みとフライドポテトは、ウザン医師が勧めているのとはまるっきり反対のものよ」と彼女）。歩きながら、私は尋ねた。

「きみの今の状態を、ずばり言い表すような言葉ってあるのかな？」

「一言でっていうんだったら、『平穏』かな。でも私たちだってあなたと同じように、感動したり、興奮したり、好奇心を感じたり、喜んだり、満ち足りたりしているのよ……。一言では言い表せないぐらいにね」

「心配なんかは全然しないの？」

「あら、全然よ！　心配はもうおしまい。いつもいつも心配していたから今の状態は解放感でいっぱいよ！」

「でも、今もずっとぼくのことを気にかけて、見守っていてくれるし、できる限りぼくを守ろうとしてくれているじゃないか……。それでもやっぱり心配なんかまったくないって言うの？」

「あなたに関わるのって、確かに一つの気がかりではあるわ。でも気がかりっていう言葉は、言語学的に見ればあらかじめ心にかけるってことよ。つまり、あなたが私に、気をかけてほしいと意識的あるいは無意識的に頼むよりも前に、あなたについて深く考えるってことなの。そのためには私の関心や祈りが必要よ。でもそれは私を少しも悩ませたりなんてしない」

その夜、デスクに向かってこの会話を原稿にまとめた。カトリーヌはそれを注意深く見て、「違うわ。私が言ったとおりじゃない」と言った。書き直しても、「今朝の話の内容を的確に表現しているとはいえないわね」と、オーケーが出ない。でも最後には、「やったわ！　すごくうまく書けている」と言ってくれた。

同じ土曜日の帰り、私はいっぱいになった買い物車を引っ張りながら彼女に言った。

「きみの話を聞いていると、しばしば多くの社会通念が頭の中で覆されてしまうよ。子供の時に受けた宗教教育とはずいぶん違うことを、きみは時々話すよね」

「人間の想像と、実際に私を包み込んでいるこの世界の間には、どうしようもないギャップがあるわ。それに、有限の世界で束の間の人生を送っている人間に、どうして無限とか永遠とかいった概念が理解できて？　あなたには想像がつく？　だめでしょう。でも私たちはね、ここでその無限や永遠に思いっきり浸っているの。あなたが空気に包まれて息をしているのと同じよ。無限と永遠はまさに神の本質なの」

「宗教は誤りを犯しているって言いたいの？」

「いいえ。そこまで深刻ではないわ。かつてあなたが言ったことで、強い印象を受けた言葉がある。『政党が民主主義の概念に基づくものであるごとく、宗教は神の概念に基づく』ってあなたは言ったわ。それってかなり正しいイメージよ。政党は人間の精神の中で民主主義を培うために必要だし、まったく同様に、宗教は人間の魂の中で神を生かすために必要なの。宗教は、その持てる力にふさわしいやり方で最善を尽くせばいいのよ。自分たちの言葉、自分たちの考え方、そして必然的に地上的性格からは脱却できないこの世の表現の仕方で、最善を尽くせばいいの。理解の範疇《はんちゅう》を超える神秘に突き当たるまではね。信仰というのは、自分には理解できないものを信じることなのよ」

「そんなふうにできない人間もいるよ」

「でも、そんな人が最終的に神から切り離されてしまうかっていえば、そうでもないの。信者じゃない人間は地獄に堕ちるっていうのも作り話よ。子供のころ、洗礼を受けないと地獄に堕ちるって言われて、皆、怯《おび》えたわよね。それとまったく同様に、もう時代遅れの考えなの。

人間が作り上げたすべてのものについて言えるんだけれど、私たちが信じているカトリックを含め宗教も発展し、適応し、過ちを犯し、それを改め正すものなの。それって、ぜんぜん悪いことじゃないわ。だって人間に神のごとく不変であれ、なんて要求はできないもの。神は、限界や上限のある人間に人間以上のものになれとは望んでいない。神は人間をよく知っているわ。神が人間に求めているのは、自分自身に対しても他人に対しても正しく振舞うことだけよ。モニエおじさんが私に教えてくれたのは、他の何でもない、まさにそのことだったのよ。でも、モニエおじさんみたいな人って、いったいどれくらいいるかしらね……？」

私の周りでは、いくつかの不幸が生じていた。

最も親しい友人二人が、癌との不利な闘いを強《し》いられていた。カトリーヌは、彼らの助けとなるよう、そしていずれあとに残されるであろう人たちの助けとなるよう、この本を早く書きなさいと、私に強く迫った。でも、いつ、そしてどんなふうにして、関わっていけばいいのだろうか……？

私はよく知っているのだが、癌という憎むべき病気には三つの段階がある。

最初の段階は癌との闘いである。身体を蝕む癌細胞を打ち破るため、闘うのである。ある者はあらゆる科学的方法を用いて激しく闘い、またある者は専門医にまかせて受動的に闘う。癌という窮地から脱したいとの望みを持って。

ついで、有効な医学的手段など何もないとわかると、絶望の段階がやってくる。死にたくはない。タイムリミットなど受け入れられない。かくして人は生にしがみつく……。

三番目は諦《あきら》めの段階である。本人も勝負は決まってしまったと悟り、降伏し、死を受け入れる。

しかし結局のところ、第二段階を越え得る者はかなり少ない。人は、勝鬨《かちどき》をあげる死をひどく恐れながら、その軍門に降《くだ》るのだ。

「ぼくはどうすべきなんだろう?」と、私はカトリーヌに聞いてみた。

「理想的なのは、第二段階と第三段階、つまり抵抗と甘受の間に話してみることでしょうね。早過ぎては耳を貸してもらえないし、遅過ぎた場合は……もう手遅れよね。簡単じゃないのは、私にもわかる。適当な時期が示せるのは、周りの親しい人間だけだと思うわ。

あなたが話し、説明し、示すことには、近親者の心にしっかり触れる力が必要よ。心に触れ、彼らを納得させるのが望ましい。巷では残された者が最も強く死の打撃を受けるって言われている。だからこそわかってもらいたいの。愛する人の旅立ちは訣別なんかじゃなくて、ただ状態が変わるだけだってことを。望む気持ちさえあれば、離れ離れになるのは肉体だけですむってことを。私たちみたいに再びコンタクトがとれるよう試してみることだってできるって。

そして仮にそれがかなわなくとも、死者は無の中に消えてしまったと信じ込むのは誤りで、思いやりと深い情愛、そして誠実さと温かさにあふれる彼らは自分たちのそばに必要なだけいてくれるということもね。それを残された人たちに納得してもらえれば、もうそれだけですごいと思うわ」

「つまり、きみがぼくにこうして話してくれているのは、『マニュアル』みたいなものなんだよね?」

「そうよ。この本を書くのが、あなたにとってどんなに困難で苦しいか、私にはよくわかっている。だって、とてもつらい時期の思い出を呼び起こさなければならないんだから。でも他の人たちのことも考えなきゃ。私たちはラッキーだったわ。この幸運は、私たち以外の人だって手に入れられるのよ」

「でも、周りを見回しても、ぼくたちみたいなケースはあまり見かけないよ……」

「繰り返しになるけれど、コミュニケーションを可能にするには、三つの条件が必要よ。

まず、旅立つ者と残る者の間に、深い意思の疎通と互いに対する強い真実の愛がなければならないわ。

二番目に、コミュニケーションを持ちたいと望む必要がある。互いに呼びかけ、呼び声を聞いた時にはちゃんと応える。それについてはしょっちゅう話し合い約束し合って、心の準備をしておかなければならないわ。

そして最後に、その可能性を信じなきゃだめ。あなたの本はそのためなの。だからあなたには説得力が必要よ」

それを体験する機会は、まもなく訪れた。

ラセイ・ホテルで大掛かりなパーティが開かれた際、私は古くからの友人に会った。カトリーヌも好意を寄せていた、国会議員で元大臣のL・B氏である（例外的に、彼の名前は記さない。というのは、執筆している今、彼の深刻な事態は進行中だからだ）。癌にかかった彼の妻は、治る見込みのないまま末期状態に入っていた。私たちは語り合った……。私がカトリーヌを看取ったのは、彼も知っていた。原稿の最初の部分を送りたいと申し出ると、すぐに了解してくれた。彼は神も悪魔も信じていない。無神論者か否かは知らないが。いずれにせよ、決していろいろ自問するようなタイプではなかったし、いかなる教会にも通《かよ》ってはいなかった。

三日後、電話がかかってきた。

「きみに心から感謝している……。きみが書いていたことは、私のものの見方を根底から覆した。妻にも読むよう勧めたよ。カトリーヌが、注意事項を書き留めるため、きみに大きな黒いノートを買って来《こ》させたっていうくだりで、彼女はすごく笑っていた。そして、私にも同じようにしなさいって言ったよ。『いい考えよね。あなたのほうが彼よりうまくやれるってわけではないし……』ってね。妻も平穏を手に入れた……。でも、私はちょっと動揺している。家にいた時、二度ばかり私のすぐそばで誰かの気配を非常にはっきり感じたんだ。あれはいったいなんだったたんだろう？」

「心配しなくてもいいよ。きみを助けに行くよう、ぼくがカトリーヌに頼んだんだ……」

今夜はよく仕事した。満足だ。

カトリーヌはそのへんをうろうろしていた……。彼女は、クロード・バレが先週かけにきてくれたカーテンをひどく気に入っていた。ずっと、このカーテンのかかった家を夢見ていたのだから。それは彼女の最後の夢だった……。生地は一緒に買いに行った。しかし、裁断して縫い上げる力は、もう彼女になかった。私は約束した。「このカーテン、間違いなくかけるから！」と。そして、彼女の親友であるクロードが、彼女の代わりに作ってくれたのだ。

「美しいわ！　本当に、すごくすごく嬉しい」

「書いたもの、読んでくれたよね。書いている最中、肩越しに読んだりもしていたし。誇張したり、手を加えたり、不確かなことを確かだと断言しているようなところはなかったかい？」

「まったくないわ。あなたの書いていることはすべて真実よ。別な書き方をしたら、この私が許さなかったわ」

「車の床でみつけた小切手帳のことも、大丈夫かな？」

「大丈夫よ。本当に見つけたんですもの。そうでしょ？　ねえ、フィリップ、聞いてちょうだい……。奇跡なんて起きていないのに、起きたかのように想像しちゃだめ。だいいち、私にはそんな力、ないもの。あなたもわかっているでしょうけれど。でもそれとは別に、私たちの間で起きていることは、この世の枠には収まらないってことも忘れてはならないわ。人間の規準を超えているがゆえに、人間には理解しがたいの。

一つだけ、あなたに特別言っておく。この前の夏、ゴルドに着いたばかりの時、あなたは私といつかまた出会って話をし、理解し合えるかどうか、疑っていたわよね。もちろん、あなたはそれを強く願っていた。死に瀕《ひん》していた時の私と同じくらい強く。でもあなたは信じ切れないでいたわ。それでも、私はあなたを『呼んで』みた。あなたには『聞こえ』なかったけれど。

そこで私は思ったの。あなたには、何か電気ショック的なものが必要だと。あなたが『合図』って呼んでいたもののみたいな。それが小切手帳の一件だったの。あの出来事の中で最も大切なのは何か、よく考えてみて……。小切手帳が見つかったことかしら。それとも、『立ち上がってちょうだい。そして車のところへ行って、後部ドアを開けてみて』という私の言葉を『聞い』て、あなたが何も考えず、すぐさま言われたとおりにしたことかしら。

もちろん後者よね。つまり、あなたが私の存在に初めて気づいたという事実。あなたが私を必要とする時には必要なだけそばにいるって、私は約束したわ。小切手帳の一件以来、あなたは、私がその約束を守っているのがわかるようになった。それ以外はさほど重要じゃないの。不注意によって、書類箱から小切手帳が落ちたとしてもね……」

「でも、書類箱はトランクの中に入れたんだよ！」

「……あるいは、トランクからスーツケースを取り出した時、小切手帳を車の中に放り込んだとしても……」

「そんなこと、絶対にしていないよ！」

「神のみぞ知るってとこね……。いずれにせよ、とるに足りないことよ」

「要するに、あのいまいましい小切手帳はパリに忘れてきたわけじゃないって、ぼくにわからせたいわけだよね？」

「そうは言っていない。ただあなたにははっきりわかってほしいだけなの。あのささやかな……あなたの好きな言葉を使えば表現手段かしら……つまり、あのささやかな表現手段は、あなたがあんなにも強く求めていた『コンタクト』の欠くべからざるきっかけだったって。

木とその影を混同してはだめ。それだけをわかってくれれば十分よ。他は、私からのアドヴァイスとして聞いてちょうだい。理解しようと思っちゃだめよ。なぜなら、私には、すべてを説明するなんて不可能だから。仮に説明できたとしても、あなたがよりよく理解できるわけではないし……。

あなたが想像力を好きなだけめぐらせられるよう、少し付け加えておくわ。この間、聖水盤を動かしたのは私よ。リビングルームで掃除機をかけていたジョゼファに、友情のしるしを送ったの。だから彼女は間違ってはいなかったの。あの聖水盤は重いわ！　それを動かすより、引き出しを開けてそこから小切手帳を出すほうが、私にとってずっと大変だなんて思える？　それに、あなたが小切手帳を引き出しの中に置き忘れたのを知りながら私が呼びかけてもみなかったなんて、誰に言えて？　ゴルドへ向かっていた時、実は私もあなたやロジェと一緒にいたのよ……。あなたたちを守るためにね。でもあの時、あなたはそれに気づかなかったじゃない。もう一つ言っておく……。いつかの夜、私はあなたとゴルドのテラスで別れた直後に、テレーズを訪ねたわ。

我が家のある三区のほうが、テレーズのうちがある二十区よりゴルドから遠いなんて、言えるかしら？」

「ぼくの理解したところに間違いがないとするならば、きみは、あらゆる仮説は可能だって言いたいんだよね。最も論理的で最も現実的な仮説だって」

「ええそうよ。そのほうがずっといいもの」

「ぼくにとって？」

「あなたにとっても、他の人にとってもよ。いつかわかるわ」

「うん……。で、今はどうすればいいの？」

「本の第一部（妻カトリーヌとの最後の一年半）が、私の期待どおりうまく書けたなら、最後まで書き上げられると思うわ。いつか、きちんと書き終えなきゃならない。そして、私たちは望みどおり一緒に生き続けるの。おそらく、もう少し話してあげられると思うし。私自身、もっといろいろ知るようになるでしょうからね。たぶん……。そうすれば、あなたは確実に新たな証《あかし》を手にし、本は完結するわ。そしてあなたは私のところに来るのよ……」

「それってもうすぐなの？」

「とにかく、本を書き終えなさいよ。あなたが通《とお》ったあの道で、今、耐え忍んでいる人がいるわ。そんな人たちに手をさしのべるの。彼らはあなたを、いいえ、私たちを必要としている。私も彼らのそばにいるようにするから。きっとそれを感じ取ってくれると思う。いつの日か、あなたの心臓が――心臓病じゃないかもしれないけれど――生きるのに耐えられなくなったら、そして、あとに残される娘たちと猫たちのこれからに最善の決着がつけられたら、その時にはゴーサインを送るわ。本人にとっても周りの人間にとっても、生き続けることが拷問や絶望以外の何ものでもなくなってしまったならば、命を縮めても創造主に対する罪にはならないもの。でも、不幸と衰えが、もうこれ以上我慢できない限界に達するまではだめ。

神は私たちの限界を知っているわ。人間の力に余る重荷を背負うことなど、神は要求していない。ましてや、他者の耐え難い重荷になっても、なお生き続けなければならないなんて要求はしていない。誰もがすでに、自分自身の重荷で手いっぱいなんだから。

結局、根底にあるのはすべて同じよ。そのような決心が、一種の意気地なさなんかじゃなく、無私無欲や愛の証であるならば、神の加護は与えられるの。

あなたに求められているのはただ一つよ。先走っちゃだめってこと。この世に生まれてきた意義を果たせる限り、課された責任を負えると感じる限り、加齢による困難の数々や病気の激しい攻めに耐え得るだけの力と勇気がある限り、逃げずに立ち向かいなさい！　かつての私のように。オーケーって私が言うまで、安心して待っていて。我慢の限度を超えるまでじらせたりはしないから」

実際、今のところ、それほど深刻な問題があるわけではなかった。とはいえ、大腿の痛みは右足をひきつらせ、五ヶ月以上前から足を引きずらずには歩けなくなっていた。それは私の気力を挫《くじ》き始めていた。しかも帯状疱疹が背中にでき、我慢できないほど痛むというおまけまでついたので、なおさら意気は下がった。これまでにリューマチ専門医二人、鍼医一人、整骨医三人、そして一般医二人の診療を受けた。彼ら全員が有能であることは疑う余地もなかった。しかし見解は分かれていた。したがって堂々めぐりが続き、明るい兆しは見えなかった……。

カトリーヌは心配して、最善を尽くしてくれた。しかし、このようなちょっとした厄介から私を免《まぬが》れさせる力はなかった。彼女はどうしてそうできないのか説明してくれたし、私も十分理解できた。彼女はもっぱら、アドヴァイスや祈りによって私を助けてくれた。例えば、昨日もこんなことがあった……。

朝起きると、体調が悪化していた。三日間著しい回復状態が続いていたのに、なぜだか壁や家具にしがみつかないと、一歩も進めない有様だった。もちろん彼女に助けを求めた。

「神経だけじゃなく、筋肉にも問題が生じているわ。ウヴレイ先生もおっしゃっていたでしょう。ずっと蟹《かに》みたいに歩いていたから、筋肉全体によくない癖がついたの。それをほぐさなきゃ。先生がおっしゃったように、よい運動療法士を見つけることね。とりあえず、熱いお風呂に入りなさい」

「運動療法士なんて山ほどいるよ。どこによい人がいるかなんて、誰に聞けばいいんだ？」

「薬局のファリさんに聞いてごらんなさい」

すぐさま、言われたとおりにした。

返ってきた答えは、これ以上望むべくもないものだった。

「お宅から二十メートル離れた、同じ通りの二十二番地に一人いますよ。アンヌ＝ロール・カルフォンさんっていう人で、とても優秀ですよ」と。

五分後、手はずは整った。翌日の正午に、機能回復訓練の一回目を受けることになったのだ。

次はプログラムの二番目だ。しかし、残念ながら、『熱い風呂』のはずが、生ぬるいものにしかならなかった。というのは、前日、洗濯二回と食器洗いをしたため、タンクの温水をすべて使い果たしてしまっていたからだ。

カトリーヌは異議を唱えた。

「そうじゃないわ。ボイラは一日に洗濯二回と、少なくとも二回の入浴ができるように作られているのよ。お湯がなくなったのは、サーモスタットが九十度にセットされていないからよ」

「逆らうようで悪いけれど、ボイラをつけた時、九十度にセットしたのは絶対確かなんだ」

「そう。じゃあ、確かめなさいよ。私は見てきたのよ……」

どんどん冷める湯の中で立ち往生して、この上さらにひどい風邪をひいてはならない。私はさっさと上がると、ボイラを見にいった。

正しかったのは彼女のほうだった。サーモスタットの針は六十度を指していた……。

おまけに、彼女はダブルで正しかった。というのは、その夜入浴した私は、筋肉がほぐれ、ずいぶん楽になったからだ。

多くの読者にとって、これらの会話は現実離れしているに違いない。ある意味において、そのとおりかもしれない。私は慣れてしまい、どんなことにも驚かなくなってしまっているが。

ついさっき、私は銀行カードの暗証番号を探していた。銀行カードを使うのは嫌だったので、ずっと前、どこかに控えたまま、放ってあった。しかし急に必要になった。銀行が閉まったあとで、所持金が底をついているのに気づいたからだ。あらゆる場所を丹念に調べまわったが、見つからなかった……。

「住所録の最後のページを開いてごらんなさい」と、カトリーヌ。

確かに、そこに記されていた。誰かの電話番号のように見せかけて。

しばしば、彼女の論理と観察力の鋭さには驚かされる。日曜日の朝、私たちは愛してやまないレユニオン島についてのテレビ番組を見ていた。美しい彼《か》の島では、複数の宗教がうまく共存している。その番組は、それら宗教のいくつかの儀式を紹介していた。仏教徒は海の神を称える儀式をしていた。その儀式がいかなる場合に執《と》り行なわれるのかはもう忘れてしまったが。それを見ながら、彼女に聞いてみた。

「きみのいるところでは、多神教をどう考えているのかな？　きみ自身はどう思う？　もちろん、答えられる限りでいいんだけれど」

「唯一無二である神の仕事は、ある人たちにとって、あまりにも壮大過ぎるの。だから、小分けしたり、細分化したりして考えるのよ。どうしてたった一人の神にすべてが引き受けられるのかってわけよね。で、下っ端のある神は刈り入れの係りをし、別のある神はお産中の女性の面倒を見るの。ある神は雨に、そしてまたある神は森に関わっていると考えていくわけ……。でも実際のところ、彼らの言うそれぞれの神は、唯一全能の神の一面にしか過ぎないの。ただ、神は唯一だという概念が、彼らの理解を超えているだけの話。それによく考えてみて。あなたがたが『父と子と聖霊』って言っているのだって、彼らにとっては似たようなものなんじゃないかしら？」

彼女はなんにでも即答できる。いや、『なんにでも』ではなく、『ほとんどすべてに』と言う方が正確かもしれない。なぜなら、彼女はしばしば、明らかにするのを拒むからだ。

「ねえ、時々あなたには閉口させられるんだけれど、気づいている？」

そう言って、彼女は笑う。

真夜中を過ぎた。

私たちはキッチンにあるプロヴァンス風のソファに並んで座っている。ミミはヒーターの上で眠っているし、ルルは私たちの前をうろうろしている……。

あなたに同志的なウィンクを送りながらこの話の幕引きができたら、とても嬉しいのだが……。

「この間みたいに、ルルを呼んでみてくれないか？」

「あなたのお楽しみってとこね、違う？……ルルっ！！」

おちびのルルは私たちの前に座っていたが、次の瞬間、耳をうしろに向けた。猫はみな、非常に注意深く耳を傾ける時、そんなふうにするのである。

完

アンジェ司教区／ブジョー司教のメッセージ

この世の中には、大きな悲しい間違いを犯している人たちがいる。それは、死によって命を奪われた者は、私たちから離れていってしまうと思い込むことだ。離れたりはしない。私たちのそばにいる。

彼らはどこにいるのか？　暗い陰の中なのか？　いや、違う。陰の中にいるのは私たちのほうだ。彼らは私たちのそばにいる。ヴェールに包まれてはいるが、これまでよりずっと存在感を持って。

私たちには彼らは見えない。なぜなら、私たちは黒雲に包まれているから。でも、彼らには私たちが見える。

彼らの光に満ちた美しい目は、私たちの涙あふれる目にじっと注がれている。

ああ、死者は見えないだけでいないわけではないというのは、なんという慰めか。言葉になどできないほど深い慰めだ。

私はいつも考えてきた。泣いている者をもっともよく慰め得るのは何なのかと。

見つけた答えはこれだ。

愛《いと》しき死者は、とぎれることなく実在し続けていると信じること。愛する者は、死によって消えたり、遠ざかったりするわけではない。不在にもならない。

彼らは私たちのすぐそばで幸せに輝きながら生きている。死という栄光に満ちたこの変化の中で、魂の細やかさや心の優しさや何かを愛するという気持ちが失われることなどない。逆に、ずっとずっと強まるのである。深く穏やかな感情に包まれて。

これは直感である。明らかで、かつ深い直感。

善人にとって死とは、光、力、愛に包まれた目くるめく上昇だ。

それまでありふれたキリスト教者だった者は申し分のないキリスト教者となり、立派とはいえなかった者は優れた者となり、善《よ》き者は気高き者となるのである。

（訳者註：以上が、初版までの訳。しかし、この話の続きともいうべきものが、第2版という形で出版されることになる。次の章が第2版にて追加された文章）

本書が完成し、出版された後《のち》、カトリーヌはもう少しだけ話を聞かせてくれた。続編を書くほどの量はなく、短い章三つ分だけではあるが。

私は相手が誰であれ、説明する気も説得する気もない。ただ書き留め、伝え、証言するだけである。手に取るか放っておくかは、その人次第である。しかし、カトリーヌの目的が達成したことは、受け取ったおびただしい手紙が証明していると思う。

＊　＊

＊　＊

私はアンリ・ボニエと、ドメニル通りにあるイタリア料理店で会った。彼はいくつもの賞に輝く小説家であり、一目《いちもく》置かれている文芸評論家でもあるが、それ以外にロシェ出版社長ジャン＝ポール・ベルトランの顧問という職務も果たしている。そしてなによりも、私の古くからの友人だ。

海老の揚げ物を食べ、次のモッツァレラ・チーズが出るまでの間、彼は続編を出す気があるのかどうか尋ねた。本書を出版社に強く勧めてくれたのは彼である。私の返事は彼を失望させることになりそうだった。そうはしたくなかったのだが。

「いいや、その気はないんだ、アンリ。カトリーヌにこの本を書くって約束して、ぼくはそれを守った。それでやめにしておきたいんだ。もちろん、本の出版後もカトリーヌは話をしてくれたよ。そんなにたくさんじゃなく、ほんの少しだけれど。彼女もまた、いくつかの基本的なデータを発展させ、明確化させているんだよ。

例えば、この世とあの世における生の完全な連続性を確立させているのは何かとか。彼女はしょっちゅう、人間の永遠性は地上で始まるって言うんだよ。何が善で何が悪なのかはっきり理解するや否や、生活における行為の一つ一つが私たちの永遠性を築き上げるようになるんだって。でも、それは取り返しのつかないものじゃない。悪い行為がよくない結果を引き起こしたとしても、それを悔やむなら、善い行ないによって悪い行為が私たちに及ぼす結果を消し去るのも可能だからだ。善き行ないは悪しき選択を帳消しにするのさ。

さらに言えば、悪しき選択への償《つぐな》いは、手遅れになってはならない。そして償いは完全なものでなければならない。単なる後悔は、負うべき報《むく》いを軽減するだけだからね。

彼女はまた、『神秘的な事柄に関する疑問への神学的・実存的回答を探し求める人たちは、おそらくこの本に失望するだろう』ってはっきり言っていた。そして、『真に問うべき事柄はただ一つ。誰に向かって語りかけるのかってこと。思い出してほしい。私は、誰のためにこの本を書くよう、あなたに頼んだかを。

私たちは、宗教知識を持たないか、あるいはほんのわずかしか持ち合わせていないような人たちに語りかけたいと思っている。彼らには、私が《神の構想》と呼んでいるものの意味を深く掘り下げて理解するなど不可能だ。

近親者の死は、そんな人たちを不安にさせ、なにもかもに疑いの目を向けさせるようになる。彼らはまず神の存在を疑う。それについて、あなたは百も承知だろうけれど。だからこそ、あなたは容易に理解できる耳慣れた言葉を使って、誰もが自分の生活と大差ないと思えるような平凡な日常生活を描き出し、そこで私たちに何が起きたかを再現してみせたのだから』って言っていた。

それからこうも付け加えていたよ。

『逆に、私がはっきり口にした言葉のいくつかは、読者を驚かせるかもしれない。例えば、地上での生き方が後々まで影響を及ぼすということなど。でもそれは、この世とあの世の二つの生をつなぐ断ちがたい絆を考えると、当然の結果だと思う。私たちの行為は、私たちについてくる。心や感情や知覚も同じ……。あなたも憶えていると思うけれど、私はヘッドフォンステレオで、ダビッド・オイストラックの演奏するベートーヴェンのソナタを聴くのが好きだった。今も望めば、一音もらさずそれを再び聴くことができる』ってね。

彼女の言うことはよくわかるけれど、これらの話はちょっととりとめがないし、詳細に記したとしても十ページにも満たないと思う……」

「これからの数ヶ月の間に、彼女はきみにもっといろいろ打ち明けてくれるんじゃないかな？」

「そうは思わない。最近、『鞄が空っぽになった』って言っていたからね。いずれにせよ、明かせることはすべて話してくれたと思う。それにぼくとしては、彼女の話について論じたり、長々と注釈を加えたりなんか、絶対にしたくないんだ。彼女の話にはわかりにくいんじゃないかと思われるものがいくつかあるし、ちょっとした注釈が必要な部分もある。それは認めるよ。でもぼくには、……なんと言ったらいいんだろう……うーん、つまりそれらに注釈を加えたり、彼女以外の人の証言と比較したりできるような『あの世の知識』がないんだ。ぼくの役割はただ、彼女が伝えたがっている話を忠実に書き写すことだけなんだ」

「あの世に関する本は、おそらく世界中で三千近く出版されていると思う。その中にはとても部厚いものもある。つまり、多くの死者はカトリーヌより饒舌《じょうぜつ》だと考えられるよね」

「それはあり得るよ。ちょっと前、カトリーヌも言っていたよ。『私よりもっと多くを明かせる者もいる。彼らは私よりもっとずっと高い場所にいて、私よりもっと多くを知っている』って」

「例えば、『天使との会話（Dialogues avec l'ange)』のことを言っているのかな?」

「わからない。ぼくはその本を読んでいないしね。でも、とてもまじめな本だって聞いている。これはぼくのまったく個人的な意見なんだけれど、あの世のことを教えてくれる使者たちは皆、それぞれに任務を負っているんだ。カトリーヌの任務はとても明快だよ。近親者の容赦ない死によって絶望し、怒っている者に、ほんの少しの希望と心の平安をもたらすことだ。いろいろ話していたある夜、彼女ははっきり言ったよ。『大切なのは、私が話す内容じゃなくて、私のしていること、つまりあなたのそばで生き続けるってこと。かつてあなたと約束し、あなたも望んだとおりに。こんなふうに言うのは、こうしていられるのは私だけに与えられた恩恵じゃないと知ってほしいから。他の死者たちも、彼らの死を悲しみ、涙している人たちのそばにいる。まさに、ブジョー司教がおっしゃっているとおりに。この世の中には、大きな悲しい間違いを犯している人たちがいる。それは、死によって命を奪われた者は、私たちから離れていってしまうと思い込むことだ。離れて行ったりはしない。私たちのそばにいる。……』」

　初めて受け取った読者からの手紙を思い出すよ。記憶に焼きついているからね。その女性はこう書いていたんだ。

『アンドレが死んだ時、私は神を憎みました。そして私は思いました。もし神が存在するなら、そして人が言うとおり本当に善き神なら、こんなことはお許しにならなかっただろう。つまり、神など存在しないのだと……』」

「なんてこった！」

「待って、まだ続きがあるんだ。『でもあなたの本を読んで、私は多くの事柄を理解しました……。今朝、私は聖体拝領に行ってきました』」

「カトリーヌのおかげだね」

「ぼくは一日に十度はその言葉を口にしているよ」

「ねえ、それじゃ、それらの手紙について書いてみたらどうだろうか？　誰が書いたかは明示せず、最も示唆《しさ》に富む部分だけ書き出せばいいんじゃないか？」

「ぼくはそれらの手紙を私的なものとしてとらえている。手紙は、それを書いた人たちとカトリーヌの間に結ばれた絆なんだ。あふれるような感謝と共に、心を込め、涙をこらえて書かれたものだし……。手紙はカトリーヌのものさ。だから毎日二時間かけて、ぼくは彼女の代わりに、彼女が使うだろうと思える言葉を使って返事を書くんだ」

「そうか、わかったよ……。じゃあ、カトリーヌが付け加えて語ったすべてを、総合して書いてみたらどうだろう？」

「そんなふうにしたら、退屈な繰り言にすぎなくなってしまう。いろんな書き手が、『あの世』で起きていることや、起きているだろうと推測できることを何ページにもわたって長々と書いている。彼らには強い信念があると思うし、尊敬に値する人たちであるのは確かだと思う。でもだからといって、同様にするのが自分に向いているとは考えられないんだ。説を展開しようなんて気は、ぼくにはさらさらないからね。おまけにカトリーヌの話は、平凡な日常生活に埋没した日々の流れの中で得たものなんだ。ぼくが毎日送っている、そして彼女がちょっとだけ参加している平凡な日常生活さ……。ありふれた一日の世俗的な状況が、かくかくしかじかのテーマを取り上げ、意見を交わし合う方向へ向かうきっかけになるんだ。そしてカトリーヌが何かを話してくれるきっかけにもね……」

「じゃあ、その一日を書いてみたら？」

「うん……、そうだなあ……。それも悪くないな」

ありふれた普通の一日

　今朝は調子が悪い……。一ヶ月前から腰の右側にしつこく出ている帯状疱疹のせいで、私は明け方に眠りから引きずり出された。かててくわえて、作り直した新しい義歯もうまく歯茎に合っていない。

　帯状疱疹は、まあ仕方がない。夜中に薬を服用するのはもうずいぶん前にやめている。日中の薬だけでもうまく効いてくれるだろう。しかし口の中にできた傷にはうんざりだ……。確かに、ロール医師は予告していた。

「通常、義歯は装着した二日後に調整しますが、あなたは、そうできない最初の患者になりそうです」と。

　ベッドの下のスリッパを足で探り当て、身体を引きずるようにしてキッチンへ向かう。まずとにかくおいしいコーヒーを一杯飲まねば。カトリーヌを呼ぶのはそれからだ。寝ぼけ眼《まなこ》がちゃんと開いてからのことだ。

　ベッドの上で寝そべって私の目覚めを待ちわびていたミミとルルは、もちろんキッチンへついてきた。彼らは私を見上げて、自分たちにも朝食をと催促している。鶏とレバーの猫缶を開け、中身を半分ずつ餌皿に入れて二匹の前に置いてやった。

猫たちがご馳走を夢中で食べるというのは、なんて心あたたまる光景だろう……。毎日、これが私の最初のお楽しみなのである。二番目のお楽しみは、頭がはっきりし次第、カトリーヌと交わす朝の会話だ。はっきりするというよりは、ぼんやりがいくぶんましになる程度なのだが……。

カトリーヌを呼んで、会話の口火を切る。

「ねえ、きみがそっちへ行ってから、ぼくの身体はずいぶんだめになっただろう?」

「ええ、そうね、困ったちゃん。でも、すべては偉大なる書に書かれているのよ。時が満ちたら、あなたは私のところへ来るわ。『待合室』を経由せずに。だってあなたは私の頼んだことをしてくれたんだから。ちょっとしたごたごたに不平もこぼさずね。そのごたごたは神に捧げられたものなのよ」

「お言葉どおり、まさにちょっとしたごたごたさ。数え挙げてもすぐ終わってしまうぐらいのね。ゴルドで肋骨を四本折り、しつこく大腿が痛み、マルセイユで椎間板ヘルニアの手術をし、パリで腰の関節症の手術をし、アンバリッドでリハビリをし、歯の治療をずっと受け、胸部帯状疱疹に罹《かか》る……ってな具合だから。ねえ、きみには高い位《くらい》についている知り合いがあるんだから、神さまに言ってよ。もうぼくはこれで十分ですって。ぼくのことは忘れて、ちょっと放っておいてもらいたいよ……」

彼女は笑っている……。

「神には、優しい神とか意地悪な神なんていうのはないの。神は愛そのものなのよ。あなたに苦しみを与えているのは、神なんかじゃない。でも、安心して。最終決定権は常に神の手にあるから。あなたもやがては結末を見るでしょう。もうすぐね。でも、さしあたっては、歯医者さんに電話なさい。大至急でね」

「今日はだめだ。どうしても区役所に行かなきゃならないからね」

余談ではあるが、私は毎晩ベッドに入る前、しておくべきだと思うことと、是が非でもしなければならないことを、メモ帳に書き留めている。それを果たすか否かは、私にとって名誉に関わる問題だ。その月曜日には、ある年金機関が何ヶ月も前から提出するよう求めている証明書を、三区の区役所へ取りに行こうと予定していた。年金機関は、未提出に対して本気で苛立ち始めていたからだ。面倒だったのでのんびり何週間も延ばし延ばしにしていたら、とうとう最後には威嚇的な通知が届いたというわけだ。

カトリーヌもそれは知っていたが、意見を曲げようとはしなかった。

「近々行けばいいじゃない。まだ大丈夫よ。でもあなたの歯茎はそうじゃないわ。ロール先生に電話しなさい」

「わかったよ。でもその前に、モノプリまでひとっ走りしなきゃ。冷蔵庫が空っぽだし、猫たちればキャッツフードを残らず食っちまったからね。昼前に配達してもらうためには、今、行かなければ」

「いいわ」

彼女の承認を得て、私はひげを剃り、風呂に入り、服を着た。ミミが足にまとわりついた。まだ空腹だと訴えていたが、カトリーヌの心は動かされない。

「おデブのミミはお腹がすいているわけじゃないのよ。食べるのが好きなだけ。それとこれとは話が別よ」

確かに彼女の言うとおりだ。でも、自分の猫が空《から》になった餌皿を前にして、にゃーにゃー鳴いているのを見るのは忍びない。道で餌をねだっていた野良猫時代は、ミミにとってそんなに昔の話ではないし……。

コートを着て、帽子を被《かぶ》り、玄関のドアを開けて、まさにガシャンと閉めようとした時、カトリーヌが私に呼びかけた。

「鍵よ、あなた！　ドアにつけたままじゃない！」

なんてこった。ドアの内側の鍵穴にさしたままだ。危うく閉め出されるところだった私は、間一髪で鍵を引き抜いた。やれやれ(ありがとう、カトリーヌ)。それでも、油はたっぷり絞られた。まあ、親切心からなのだが……。

余談をもう一つ。

読者から、しばしば次のような質問が寄せられる。

「カトリーヌとあなたは、どんなふうにしてコミュニケーションをとるのですか？」。私は答える。

「私にもよくわからないのです」と。

思うに、私たちの間では、いつもテレパシーの領域に属するようなものが働いているのではないだろうか。

彼女が話したことは、考え、言葉、あるいは見解といった形で私の脳に届く。彼女らしい際立った特徴がなければ、私自身のものと思い込むかもしれない（最初のころはそういう場合もあった）。しかしカトリーヌの言葉も、文章の構造も、語調も、そしてあの独特な話し方も、真似できるしろものではない。

だいいち、彼女が自分について話す時には女性形しか用いない（訳注：フランス語では、過去分詞や形容詞は男性形と女性形で異なる形をとる）。それに、私の質問に答えたり、私に質問したりする時の話し方は、私自身のものといつもひどく違っている。彼女が何を言うか私には想像できないし、もし同じことを言うにしても私なら違う言い方をするだろう。いずれにせよ、彼女の言葉が私に届くのは、猫たちが遊んでいるのをぼーっと眺めているか、何も考えていないような時が多い。考えるように私を仕向けることもあると思うが、そうして得た考えは、その時私自身が抱いている関心事とはまったくかけ離れている。

閑話休題。

買い物を片付け、家に戻るや否や、冷たく細い雨が降り始めた。遅くとも二時間以内には、配達人がインターフォンを鳴らすだろう。それまで待つしかない。

カトリーヌの矛先は、相変わらず私に向けられている。

「ロール先生に電話した？」（歯茎の痛みが一時的に治まっていたため、約束をすっかり忘れていた……）

私は言われたとおりにした。受付のヴァレリが電話に出て、優しい声で言った。

「ラグノーさん、先生がいつ診察できるか、ちょっと見てみますね……。今日の午後三時半があいていますけれど、いかがでしょうか？」

「はい、けっこうです」

カトリーヌは満足した。私も同様だ。三時半なら、その前に区役所へ行ける。

脳内立ち入り自由の我が奥さまが、脳で反論を鳴らす。

「それは、ちょっとあやしいわね。役所は二時にならないと午後の仕事を始めないのよ。あなたは早く歩けないから行くのに三十分はかかるし、帰ってくるのにも同じだけかかるわ。役所で少しでも待たされたら、時間が気になっていらいらするわよ」

おっしゃるとおりである。

三時少し前、ゴルフをサン＝ジル通りの駐車場までとりに行った。ロール先生の診療所はオスマン通りで、真ん前には地下駐車場がある。運がよければ、一番上の階に駐車できる。そして一五一番地までは十メートル歩くだけだ。不運の神に見込まれれば、この細長い駐車場の奥深く入り、地上に出るまで二百メートルも歩かなければならない。

「いい場所がみつかるように手を貸してくれるかい？　もうあまり時間がないんだ……」

私はコンクリートと自動車の世界に潜り込み、サン＝トーガスタンの方向へ進んだ。格好の出口近くで、プジョーがバックするのを目にした。かくして最良の場所が明け渡された（ありがとう、カトリーヌ）。私は約束の時間に間に合った。

快適な椅子にゆったりと横たわり、口を開けてロール先生の診察を受ける。

「すぐにいらして、正解でしたよ。明日なら、手直しにはもっと骨が折れたでしょうからね。無意味な痛みに悩まされずにすんで、よかったですよ」（再度ありがとう、カトリーヌ）

歯茎を傷めていた義歯の先端を、彼はバーを使って精巧にそろえていった。何度も試し、新たな摩擦地点を見つけ、角を磨き、再びそれを口の中に戻す……。彼は完璧主義者なので時間がかかる。

やれやれ、やっと解放された。ほっとして車に向かう。

帰り道には選択肢が二つある。一つは、クールセル通りに入り、フランクリン＝ルーズベルト通り、シャンゼリゼ通りのロン・ポワン、そしてセーヌ河岸沿いに走るコース。もう一つは、マルゼルブ大通りとカートル＝セプタンブル通りを走るコース。後者をとれば、第三区の役所前を通ることになる。やってみる価値はある。車の流れがスムーズなら、閉まる前に着けるかもしれない。

なんと、すいすい走れるではないか！　といっても、レオミュール通りまでだが……。その後のベレジナ通りはひどい状況になっていた……。道路工事に加え、トラックとバスの接触事故で大渋滞が生じ、車の流れを止めていた。一分間に一メートルも進めない有様だ。仕方がない。苛立っても無駄というものだ。

それでもなんとか他の車と一緒にセバストポル通りを渡る。すると思いがけず流れはスムーズになった。淡い期待が再び芽生えた。

区役所近くに着いた時、時計は五時四十五分を指していた。そして奇跡はまた起こった！　突然目の前に、駐車スペースが一つ空いたのである。そのあたりで空きスペースは唯一、そこだけだ……（ありがとう、カトリーヌ）。

あとは道路を渡り、総務局まで行って証明書を受け取ればいいだけだ。受付は、私が最後だった。

私は意気揚々と家に帰った。一日の予定というものは尊重されなければならない。明日は明日の風が吹くのだし……。

缶詰や冷凍食品で食事をすませるのは避けたいと思っている。だから夕食は、心を砕いて自分で準備する。しかしその前に、キッチンの椅子に座って妻とちょっとしたおしゃべりをするのが好きだ。彼女の存在を非常に強く感じる。

夜の帳《とばり》があたりを包み始めるこの静かな息抜きの時間は、彼女のお気に入りでもある。今では、考えや外界から受けた印象や気持ちを伝え合うのは容易だ。彼女にそう話してみる。彼女は説明してくれる。

「あなたと私は、気持ちを伝え合えるよう、ものすごく訓練を積んだわ。その結果、……何て言ったらいいのかしら……うーん……そうね、互いの精神構造の間に相互浸透みたいなものが生じたのよ。

二人の考えは、ちょっとだけ混じり合っている。だから時々、どれがあなたの考えで、どれが私の考えなのかわからなくなるし、あなたの心に芽生えたものなのか、それとも私の吹き込んだものなのかわからなくなるのよ。

でも結局のところ、あまり違いなんてないし、どっちでもかまわないの。聖書に記されている聖徒の交わりとちょっと似ているんじゃないかな？　まあ、私たちは二人とも聖人なんかじゃないけれどね。同じような経験をした他の人たちが、それについてどんなことを言っているのか知りたくない？」

「もちろん知りたいさ。でもね、ちょっとかじっただけの経験で言わせてもらえば、首を傾《かし》げたくなるような信じ難いものばかりだったよ。何人かの読者が親切にも、いわゆる『超コミュニケーション』と呼ばれるものについて述べたり説明したりしている書物をくれたんだ。そのうちのいくつかを読み始めたけれど、たちまち、頭を混乱させるような断定や、経験より想像で書いたんじゃないかと思われる叙述や、頭にくるような主張にぶつかったよ」

「私の意見を言いましょうか？　その手の本は一冊も読んじゃだめ。今の確信以上の何が得られるっていうの？　それよりも聖書と使徒行伝を読み直すべきね。すべてはそこに書かれているわ。私たちに起きたようなこともね。他を探す必要なんてないの。ただし、言葉だけに囚《とら》われてはならないし、象徴の真意を解読しなきゃならないし、イメージや寓意の裏側に隠された意味を探らなければならない……。それって、いつも容易ってわけじゃないわ」

「皆と同じように、ぼくも知りたいことがある……。テレビで『守護天使』を詳しく扱った番組を放送していたよ。ぼくたちは皆、真っ白のきれいな翼を揺さぶりながら、影みたいについてくる天使に守られているのかな？」

「で、その天使たちは暇な時にリュートをかき鳴らすってわけ？　ありふれたイメージに耽《ふけ》っちゃだめよ。確かに天使はいるわ。でもね、一般的に守護天使って言われているのは、人間なら誰しも自分の中に抱えている神的な部分のことなの。同様に、人間は悪の精神も抱え込んでいる。両者は絶え間ない戦いを交わしているわ。神的な部分は警戒を促し、庇護し、悪の部分からの誘惑に負けないよう助けるの。そういった意味では、確かに『守護者』よね。でも結局、選択するのは自分自身なのよ」

「じゃあ、サタンも実在するの？」

「もちろん！　聖書をもう一度お読みなさい。エルサレム聖書が回転式書棚にあるじゃない。あれは卓越したものよ」

「ざっと目を通したところ、読者がくれたような本の多くでは、転生についても触れられていたよ。転生に関してはもう質問したよね」

「そうね。で、私はそれに答えたわよね。はっきり憶えているわ。転生なんてないって答えたことを。私たちの魂は、言うまでもなく一つっきりよ。地上での生もまた一度だけなの。転生伝説が考えられた国の人々には、繁栄や幸福よりも貧困や不幸のほうがずっとずっと多く降りかかっている。そんなところで、貧しい人たちをおとなしくさせておくにはどうすればいいと思う？　とっても簡単よ。『泣くな、怒るな。喜びと豊かさに満ちあふれた別の生がおまえたちを待っている。来世ではマハラジャになれるかもしれない……』って言えばいいだけよ。でも、あの時、私の答えを文字にするのはやめてって頼んだわね。多くの人が、転生の中に希望の種を見て生きているわ。それなのに、その希望を壊してしまうのはひどいと思ったからなの」

「今、その意見は変ったのかい？」

「ええ、変ったわ。あなたの本は控えめで、分をわきまえたものよ。それでも、懐疑的な人たちに希望を与える手助けをした。生き生きしたリアリティーを持つ真の希望をね。魂は生き延びること。そして私がいるこの場所では、無限の幸せが皆を待っていること。それに、先立った人たちは優しく気を配りながらそばにいてくれるってことを、あなたの本は教えているわ。それは作り話なんかよりずっと素晴らしいものよ」

「でも、どうして共通の信念や信仰に基づきながら、あんなにも多くのキリスト教者が相変わらず間違った考えを持ち続けているのかな？」

「それは、前に説明したでしょう。人は自分に具《そな》わった能力を駆使して、考え、推論し、考えを述べるの。自由に揮《ふる》えるのは人としての能力だけよ。例えば、天地創造という大神秘についての考えを展開するにしても、さて説明するとなると、人間の脳から生じるこの世の言葉しか使えない。あなたは今後、もっとよく理解できるようになるはずよ。私が今いるのが『光の最初の輪』ということも。光りの輪についてはもう話したし、あなたもすでに書いているわね」

「読者の一人が、『光の球』について書かれた本があるって言っていたよ」

「それも、別に間違いってわけじゃないわ。でもどのみち、球にせよ輪にせよ、真実をそのまま伝えてはいない。まあ、人にイメージを与えるためなら、私は輪って言うほうを選ぶわね。だって球にはまわりを囲まれた閉鎖的な概念があるけれど、実際は、まったくそうじゃないもの。

でも語彙の問題ってどうすれば避けられるのかしらね。こんなふうに話し合うようになったまだほんの最初のころ、私は言ったわよね。あなたが使っている言葉では、私が今いる世界をぴったり言い表すなんて絶対にできないって。あなたの使う言葉は、私の世界を歪め、別なものに塗り替え、曲げて伝えてしまう。でも、それはどうしようもないことなの……。

この『輪』、まあ、『球』でもいいんだけれど、それがまさにそうなの。あなたは多分、バベルの塔みたいな建物を想像しているんじゃないかな。いくつもの階があって、別の階へ行くための快適なエレベーターなんかがついているような。でも実際は場所なんかじゃなくて、魂のおかれている状態よ。私たちは、理解することを学ぶ初歩的な入門状態から、別の状態へと移るの。より上位の状態へね。いろんな段階が、はるか遠くにある最終段階まで続いているわ。最終段階に達すれば、神と直に向かい合うのよ。同じように『地獄』と『煉獄』の概念も考え直してみるべきね。地獄は、地上からやって来た者が、神と切り離されてしまうために陥る絶望状態なの。そして煉獄は後悔と改悛の状態よ。私たちの世界に入る前にちょっと身だしなみを整えるって感じかな」

「要するに『銭湯』みたいなもの？」

「そうとも言えるわね。大切なのは、地上での行為は私たちについてくるんだって、ちゃんと知っておくことよ。地上で発芽させないと、ここに来てもどんな花も咲きはしない」

「地獄って永遠のものなの？」

「こちらに来たらわかるわ。いずれにせよ、すべてを決するのは神よ。それに、私はもう話し過ぎた気がするわ……」

「それはないよ。どうして、そんなこと言うの？」

「私があなたに話していいのは、私以外の者が私の前で語ったことだけだから。それは五ページ分の分量なの。聖パウロは奇跡によって、『天国』とあなた方が呼ぶ世界に入り込んだけれど、地上に戻る時、次のような命令を受けたわ。『ここで目にしたことは、一言なりとももらしてはならぬ！』ってね。証《あかし》など求めずに信じる。それが信仰というものよ。そうでないとしたら、信仰する意味なんてまったくないもの」

「話せるのは五ページに収まる分量だって、きみは言うよね。でもね、ぼくがもらった書物の何冊かでは、あの世からのメッセージやあの世に関する情報が七百ページや八百ページにもわたって詳しく述べられているよ。きみはそれをどう説明するんだよ？」

（沈黙）

「答えられないの？」

「この問題に取り組む時には、妄信的態度も懐疑に基づく姿勢も捨てるべきよ」

「あいまいな返事だな……」

「他の答え方はできないわ。私には私なりの理由があるの。それによく考えてみたら、それほど悪い答えでもないわよ」

「きみが、この本を書くために明かしてくれた話には、教会が認めたり教えたりしている以上のことは何も含まれていないし、もしかしたらそれから外れさえしていないんじゃないかって気もするよ？」

「ええ、まったくそのとおりよ。ただ教会は聖書の解釈や説明に、ある程度の幅を持たせているの。すべての聖職者や神学者が、あの世の神秘について同じようなアプローチをしているわけではない。とても用心深くて慎重な人もいれば、どんどん踏み込んでいく人もいる。ヴェルサイユのトマス司教が私たちについてご自分の司教区の聖職者たちに宛ててお書きになった司牧書簡を読めば、あなたも安心できるはずよ」

「ちょっと待って、探すから……。ああ、あった！『このいっぷう変わった本は（司教はそう述べている）、真の愛の関係が有する写実性と力強さを示している。一読の価値があり、読んだ者を内側から動かすことだろう』だってさ」

「とてもすてきなお墨付きね！」

「うん。ねえ、もしできれば、もう一つ質問してもいいかな……。『入門』ってきみは言ったよね。その入門っていったい誰が手ほどきしてくれるの？」

「私たちはね、ここに迎え入れられるわけだけれど、それには、ええっと……。ああ、また言葉の問題よ！　ぴったりあてはまる言葉がみつからないわ……。あなた向きの言葉を使いましょう。つまり案内人ね。指導者とか手ほどき者とも言えるかもしれないけれど、とにかくそういった者の導きが必要なの。

　というのはね、私たちは地上で身につけた能力を携えてここに着くんだけれど、それだけでは神に近づいて理解したり、創造の神秘の中に入って深く知ったりするのに、ちょっと不十分なの。だから、最初の輪の中で、初歩から始めるの。そこでさなぎの状態から蝶になるわけ。それからもっと上の状態に行くのよ。私も、今はもっと上に行けるんだけれど」

「進級試験に合格したってこと？」

（彼女は笑っている）

「ええ、そうよ」

「じゃあ、どうして上に行かないの？」

「だって上に行けば行くほど、あなたとコミュニケーションをとるのは難しくなるからよ。今いるところだと、天上のことにも地上のことにも加われるわ。一種の中間状態みたいなものなの。あなたが望めばそばに行ってあなたの人生を共に味わい、アパルトマンの中をぶらぶらし、愛《いと》しい猫たちを眺め、あなたの失せものが見つかるよう力を貸し、一緒におしゃべりもできる。どんどん上の輪へ進んで行ったからといってそれができなくなるわけではないけれど、でもずっと困難で、機会もひどく限定されるわ。二段目の輪から一番下の輪に下りたり、あるいは三段目の輪から二段目の輪に下りたりするのは可能よ。その後、自分の輪に戻ることもね。でも一番下の輪にいるのに、二段目に上ったり、また下りたりっていうのはだめなの。友人のジャクリーヌ・バルザックは『上の階』（ほらね、あなたにも理解できる言葉を使っているでしょう）にいるんだけれど、時々私を訪ねてくれるの。で、その後自分の場所に戻るわけ。でも私のほうからは、彼女と会うために上っていけない」

「でもさ、もっと幸せな状態に行けるっていうのに、ぼくのせいでそうしないなんて、やっぱり悪いよ……」

「困ったちゃんたら……。私の前には永遠の時が広がっているのよ。それに、一緒に生き続けるっていうのは、私たち二人で選んだことなんだから。安心して、私は家であなたと一緒にいる時も、ものすごく幸せなんだから。私は家が好きだったもの。それに家にいると、今でも気分がいいのよ。もっとも、家がいつもきちんとしているように、あなたが気を配っていてくれるからなんだけれど。それにね、考えてみてちょうだい！　あなたが私のところに来る時、迎えるのは私なのよ。私があなたを導く案内人になるの……」

「それは嬉しいなあ！　最後にもう一つだけ質問したいんだけれど……。きみがぼくにくれるようなメッセージを、死者や仲介者を通すことなく、人は受け取れるのかな？」

「ええ、もちろんよ。それは聖人たちが証言しているし、彼ら自身、最良の証じゃない。聖霊は選ばれた者を他者へのメッセンジャーにするため、とりわけ強くその存在を示す場合があるの。同様に、それぞれが自己の内に抱えている神的な部分も、驚くべき思考を生み出すことがあるわ。でもいずれにせよ、注意深く慎重に熟慮しなければならないわね。というのは、サタンもある種の人たちとどんどん『意思疎通』を行なっているから。とりわけ交霊術を商売にしている人たちを介してね（幸いなことに、交霊術を商売にしている人すべてが、そうだってわけじゃないけれど）。

でね、そんなメッセージはとてもあいまいだし、そのうえ、信頼にたる真実であるかのようにあらゆる手を使って見せかけられているの。だからそれによって単純な人や純粋な人の多くが、実は悪魔的である宗派へと一直線に導かれてしまう可能性もあるわ。あっ、用心しなきゃ！　これについては、絶対話し過ぎてはだめなんだから。神の教えや真理を伝える本物のメッセンジャーは、きわめて少ないの。だいいち、彼らはほとんど話さないし、ましてやそれを商売になんて決してしないわ」

「ところで、きみはぼく以外の誰かと、意思を通わせ合ったりしている?」

「ええ。でも、きわめて稀ね。メッセージを受け取るには、あなたみたいな良い『受け取り手』じゃなきゃだめなの。誰もがそうなれるわけではないのよ。例えば、テレーズとだったらうまくいくわ。私たちはとても親しかったもの。それも私があんな状態にあった時にね」

私は思い出した。この前の夏、カトリーヌのお気に入りだった看護師、テレーズ・プセは、私の招待に応じてゴルドの我が家で十日間を過ごした。彼女はこの景勝の地を知らなかったので、当然、あちこちへ案内した。ルシヨンにあるダヴィッドの店で昼食をとる前、私は台地の突端まで車を走らせた。そこからは、黄色粘土オーカーのびっくりするような景色が、一望のもとに見渡せるのだ。

当時はまだ手術を受けていなかったので、大腿の痛みが歩行を耐え難いものにしていた。それで、彼女には、一人で『オーカー小道』を歩き回ってもらうことにした。戻ってきた彼女は、ひどく心打たれた様子だった。

「感動的な散策だったみたいだね?」

「ええ、最高だった。でも、私の心を動揺させているのは別のこと。途中で、分かれ道があって、小道の一つは右へ、もう一つは左に向かっていた。右に向かう小道に入ろうとした時、カトリーヌの叫び声が聞こえたの。『だめよ、そっちへ行っちゃ！』って。だから左のほうへ進んだんだけれど、うしろから歩いてきた男の人が『こちらを選ばれてほんとうによかったですよ。右へ行く道はとても危険なんです。降ったばかりの雨で滑りやすくなっていますからね。あっという間に渓谷の底ですよ』って言ったの」

ミミがやってきて、私の膝の上に飛び乗った。前足を肩に置いてミミはキスの雨を降らせる。それは彼独特のしぐさだ。他の猫がするのを、私は見たことがない。

「ねえ、見えないのかい？　ママがここにいるんだよ」

昨夜のやはり今時分、ミミは同じようにしていた。しかし突然、そばのソファをじっと見つめると、そこから目を離さなくなった……。そのソファには誰も座っていない……。カトリーヌ以外は。彼女はちょうどそこに座って私と話していたのである……。

「ミミは、きみの存在を感じたんだと思うよ」

「私もそう思うわ。何度も私のほうへ顔を向けていたもの……。ルルの感じる力はさらにすごいわ。倍はあるわね！」

「姿が見えないにもかかわらずきみがいるっていう不思議さに、ルルは三度しか怯えなかったよね。今じゃ慣れっこだ。ごろごろ喉を鳴らすほどだし……。もう一つ質問があるんだけれど」

「そう言うだろうと思っていたわ！」

「それだけ聞いたら、もう、うるさくしないから。ねえ、どうして神は、何ものをもってしても分かてないような夫婦に、片方の死という苦しみを与えるのかな？　一緒にいるのは地獄みたいだと思いながら、ずっと生き続ける夫婦もたくさんいるっていうのに」

「幸せな夫婦の場合、片方の死は耐え難い経験よ。あなたにもわかるでしょう。でも、そんな夫婦にしても、さらに大きな不幸が待ち構えていないなんて、誰に言えて？　いたるところに誘惑がころがっているようなこの世で、揺ぎない愛に生きるのがどんなに稀で貴重なことか、あなたにはわかる？　だいいち、私たちの感情もこの世の生を超えてついてくるわ。だからとり残されたと思っていても、いつの日かあの世に行ったら、再びその完全無欠の愛を見出し、永遠にその中で生きるのよ。すごいご褒美じゃないの！

それに比べたら、支払われる代価なんてわずかなものよ。この世で、いがみ合ったり、互いに裏切り合ったり、時には憎んだりもし合ったような夫婦だって、良心の呵責を感じ、後悔や改悛の時を過ごしたら、いずれは永遠の幸せを知ることになるでしょう。でも、その幸せは、別々に味わうの。あの世で、彼らは永遠に別々のままよ。それにね、フィリップ、私がいつか言ったことを忘れてはだめ。神が作るプログラムに誤りはないの。神は自分が何をしているかご存じなの。そのすべてを徹底的にわかろうとなんてしてはだめ」

「その会話はとてもよく憶えている。あの日きみは、人間の肉体的機能をすべて具《そな》えた神秘体の中に宿っているんだって、話してくれたよね。じゃあきみの肉体はどうなったの？」

「消えたわ……。地、水、そして火の中で。今、私が宿っているのは、相変わらず私自身、つまりカトリーヌ・アングラードよ。でも最も美しく、最も輝き、最も完成した、つまり開花の頂点にある私なの。無傷で、病んだところがなく、しわも醜《みにく》さもないわ。若々しくて生き生きし、軽やかなの。私の身体は……、ああ、言葉って本当にどうしようもないわ！　なんて言えばいいのか、思い浮かばない……。空気のように軽やかとでも言えばいいのかしら、昇華された身体と言えばいいのかしら……。復活したキリスト自身もこの神秘体をまとっていたわ。マグダラのマリアは、キリストを植木屋さんと間違えたのよ。使徒たちときたら、イエスだとわからなかったの。

肉体的にはもう前と同じじゃなかったから」

「そんなふうには一度も考えなかったな……」

「キリストがパンをちぎって彼らに差し出した時になって、初めて気づいたのよ。『かくして、彼らの目は開かれた』ってね……」

「それからどうなるの？　上の輪に上っても、ずっとその神秘体を纏《まと》い続けるの？」

「知らないわよ、困ったちゃん。私の知り得ないことまで聞いちゃだめ。だいたい、すでに知ったすべてを話せるってわけでもないし……」

「さっききみは、悪の精神について話していたけれど……」

「質問はもう終わったんじゃないの？」

「質問じゃなくて、考えを述べるだけだよ。悪の精神って、サタンのことだよね」

「もちろんよ。それも前に説明したじゃない。神が創造した万物には、すべて正反対のものが存在するの。昼と夜があり、白と黒があり、善と悪がある。禍《わざわい》は当然サタンから生じるわ。例えば苦しみとかね。サタンが私たちを苦しめても、神はそれを妨げるわけではない。でもその限界を決めるのは神よ。ヨブの物語を読み直してみなさい……」

「苦しみって、贖罪なのかな?」

「もしその苦しみを呪って、損なってしまったりしたら、贖罪にはならないわね。もし勇気をもって受け入れ、自己犠牲として捧げるのなら、贖罪になるわ。そのような場合、神はそれを回収し、あなたの貸方に記入し、あなたを自分のところに迎えるわけ。会計用語なんて使ってごめんなさい。でも、他に言葉がみつからないの」

「人間の中には、すごく短い期間しか地上に滞在しない者もいるよね。つまり、人生の夜明けともいえるような時期のまだまだ幼い子供を、死が連れ去ってしまう場合なんだけれど。そんな子供たちは、まだ善悪なんて選べないんじゃないかな……。彼らの場合、どうなっているの?」

「彼らはとっても幸運なの! 涙を流している親たちはそれを確信すべきよ。彼らの純粋な魂は天使と似ていて、すぐさま神の下に戻るの。そして神のそばでのびのびと育ち、地上から来た大人たちと同じレベルにまで到達するのよ。でもそれについては、もう何も質問しないで」

さしあたってカトリーヌは、もうこれ以上何も話さないだろう。それがはっきり感じられた。彼女はいつも、『話していいこと』と『話してはならないこと』の境界を越えてしまわないかと恐れている。だから、私たちの会話はたいてい、ごくありふれた日常生活についてだ。「夕食は何にするの」とか、「冷蔵庫の中に賞味期限切れの食べ物があるわよ。変な臭いがする前に捨てておかなきゃ」とか「テレビのニュースを見る?」等々……。

時は刻一刻と進んでいた。キッチンに立つには少し遅過ぎる。

「チキンソースのムール貝マルミットがすごく食べたくなった……。奮発してね」

「そんなに食べたいなら、我慢しなくてもいいんじゃない」

バスティーユ広場にある『レオン・ド・ブリュッセル』へは、時々、『フライドポテト添えムール貝』をお腹いっぱい食べるために出かける。それはお決まりの食生活に変化をもたらしてくれる。

「一緒に来るかい?」

「もちろんよ!」

かくして、私たちは出発する。魅力的な妻と並んで、ボーマルシェ大通りを歩くのは楽しい……。国立障害者センターでの一ヶ月間のリハビリテーションは、私の足をほとんど二十歳の時のようにしてくれ、大腿骨の中にチタン製のすてきな人工骨が組み込まれていることなど忘れてしまいそうだった。とはいえ、医者からは杖をつくよう勧められている。是が非でも足を引きずって歩くのは避けたほうがいいからである。二週間後には杖など燃やしてやるつもりだが。

なんてこった! 出てくる時、新聞を持ってこようと思っていたのに、忘れてしまった。次の料理が出てくるまでの間、ちょっとした記事を読むのが好きなのに。カトリーヌは、いつ緊急の用事ができて行ってしまうかわからない。天国の片隅にある住処《すみか》を掃除しなければならなくなるかもしれないし、翼を繕《つくろ》わなければならなくなるかもしれないし、学課をさらわなければならなくなるかもしれない……。ばかげた推測を口にして、彼女をからかうのは楽しい。話すことを自制している彼女への、私流の仕返しだ……。

『レオン』の前にあるキオスクはまだ開いていた。行き当たりばったりで新聞を一部買ってから店に入り、喫煙席にある空きテーブルを探す。

メニューを検討している間、向かい側に座っているカトリーヌは、早くも涎をたらしそうになっている私を見て楽しんでいる。

ボーイが、蟹のカクテルを目の前に置いた。いかにもおいしそうで、食欲がそそられる。私は、彼女に聞く。

「食べたくならない?」

彼女は微笑む(いずれにせよ私の想像だが)。

「望めば、あなたと同じ味覚、あるいは生きていた時の自分の味覚を感じられるのよ」

「食べないのに?」

「ええ、そうよ。ひとかけらたりとも口にせずにね。あの世では、もう食べる必要なんてないの。すべては知覚の問題よ。わかるかしら?」

「すごいな！　じゃあ、レストランできみが望めば、ぼくとまったく同じ味を楽しめるんだね？」

「もちろんよ！　コンピュータと感覚専用のソフトウェアを想像してみて……。地上で味わった喜びのすべてはメモリされているの。私たちは、幸せで、心地よく、愉快なことならなんでも感じられるわ。でも、なぜ、いつ、いかにしてそうできるのかを部外者が理解するのは不可能ね……。もし一緒に旅行したら、あなたと同じものを見て、あなたと同じものに感嘆し、あなたと同じ光景を目にして楽しむでしょうね。でもちょっとした違いはあるの……」

「どんな違い？」

「私の幸せは主として、それらの感嘆や喜びを二人で共有していることから生まれるの。あなたがこちらに来た時に覚える感嘆や喜びを考えても、とても幸せになるわ。だって、こちら側であなたを待っているものは、十倍も、百倍も素晴らしいんですもの！」

「どんなのか話してみてよ……」

「だめよ。周りの状況を話すのは許されていないの。でもね、誰だって、森羅万象のあらゆる美しさがこちら側に集まっているってことは想像できるでしょう。だってすべてはここから発しているんですもの。それは明白だと思うんだけれど。地上で目にする美しさは、大建造物がどんなふうになるのか、模型であらかじめ試してみるのと同じよ」

「いわば、神による全創造物の展覧会みたいなものかな？」

「答えられないわ。私たちの全感覚、全知能、全能力は刺激され、研ぎ澄まされ、完全無欠になっているけれど、いかなる神秘も漏らすわけにはいかないの。まあマーケティング用語を使えば、『供給量の完璧さに、私たちの知覚能力の完璧さが応じている』っていうことになるわね……。それにだいたい、私がここで、自分や他者や世界や、そしてとりわけ神について得た知識は、現世で十回生きても知り得ないほどの量なの。地上にいた時にも、得た知識や確信より理解できないもののほうがはるかに多いって、私はわかっていた。

地上では疑いが私たちを虜にしているわ。疑いはあらゆるものにとりつき、すべてを汚している。人は自分自身を疑い、相手を疑い、あらゆる人を疑う。自分の存在の正当性を疑い、もちろん神も疑う。時には神を、いろんな宗教が勧誘に利用する単なるおまけのおもちゃぐらいにしか考えないこともあるわ。人目をひく、都合のいいおもちゃよ。真実はどこにあり、偽りはどこにあるのか？　真理はどこに潜んでいるのか？　いつ嘘に支配されるのか？……でもこちら側ではすべてがはっきりしている。もはや疑問は存在せず、あるのは答えだけ」

「きみが話してくれた美しい言葉で、アンソロジーを作ろうっと」

「例えばどんな言葉？」

「例えばね……。『こちら側では、どんな愛のかけらでもそれなりの位置を占めている』とか、『愛はすべての扉を開く魔法の言葉であり、魔法の概念だ。最も厳重に閉められた扉でさえ簡単に開ける』とか、『地上で芽吹かなかったものが、こちらで花開くことなど決してない』とか、『こちら側ではもはや疑問は存在せず、あるのは答えだけ』とか……。ええっと、それから……忘れちゃったよ！（それを聞いて、彼女は笑う）面白そうな番組を見ようとテレビをつけ、あとでそれについて話し合うためにきみも誘ったら、きみの大切な超自然的時間を奪うことになるのかな？」

「私たちは二人して共に生きようと望んだのよ。それには、あなたの楽しみや小さな喜びを私も一緒に味わうってことも含まれるの。たとえそれが私自身に適したものではないとしてもね。それに考えてもみてちょうだい。『私の場所』に戻った時、再び覚える感嘆がどれほどまぶしいものか！　私は偉大なる幸福をほんの少し逃しているのかもしれない。でもあなたの幸せに加わり、その幸せの幅を広げているわ。それによって、あなたの人生はより幸せで平穏なものになっている。それこそが私の役割なの。私が願い求めた役割なの。わかるかしら？」

私は、出されたたっぷりのムール貝を味わって食べた。申し分のない出来だった。それは私に、カトリーヌの話を思い起こさせた。現世で味わった喜びは、体験した感覚と感情の完全無欠な蓄積として記憶に留められるという、あの驚くべき話を。

この世とあの世の生は、へその緒で繋がれているのだろうか？　彼女によれば、すべては相対的に評価されるらしい。比較によって、今の彼女の幸せはさらに素晴らしいものと感じられるようになるというのだろうか？　そんな話は聞いたことがない……。私は今のところ、本書と同様の問題を扱っている書物は事実上一冊も読んではいないが、それらにも同様の趣旨が述べられているのだろうか？

私は彼女に聞いてみた。答えは次のようなものだった。

「知らないわ。はっきり言って、それについてはほとんど気にしていないの。ただ私にわかるのは、いかなる秘密も漏らしてはいないということだけ。私の話した内容なんて、あなたでも想像できたはずよ。今によくわかるようになるわ……。地上での生とこちら側での生の間に断絶なんかないの。それは連続している。憶えているでしょう、地上で芽生えなかったものは、あの世で決して花開きはしないって言ったのを。根源的な人格、つまり他の誰とも似ていない個我を作り上げている知能・資質・能力がそれよ。感情、心の動き、好みもそう。感覚やセンスだって同じこと。

こちら側で、私たちは二段階の脱皮を行なうの。一つは、今列挙したすべてのものが高まり、広がり、発展して、それぞれが独自のまったき完成に至る段階よ。もう一つは、神と宇宙の偉大なる神秘が隠されている扉を一つ一つ開け、神に近づいていく段階」

少し離れたところを給仕長が行ったり来たりして、私のテーブルをしつこくじろじろ見ている。カトリーヌのおかげで高みをゆったり舞っていた私は、そのせいで突然、現実に落下した。他の客を席に着かせるため、私に退《の》いてほしがっているのは明らかだった。

支払いをすませた私は立ち上がってパーカを着込み、帽子を被った。そして杖を探した……。一体全体、あの忌々しい杖はどこにあるのか？　あたりの床を見回し、椅子の下を探した。隣りの客も捜索に加わってくれ、ボーイが救援に駆けつけた……。杖はどこにもない。給仕長が店の名刺を渡して、「もし見つかったらお預かりしておきます。明日にでもお電話いただけるでしょうか?」と言った。

不本意だが、たいしたことではない。私たちは店を出た。

カトリーヌはここまで何の意見も発しなかった。しかし歩道に出ると、ぼくに囁いた。「キオスク……」と。キオスクだって? 別に何の用もないのだが……。意に染まないまま、見えない手に押されるようにして再びキオスクのおやじの前に立った。彼は外に吊るしてある新聞を小屋の中にしまい込んでいる最中だったが、私を見るとガハッと笑って、小屋の中から杖を出した。

「あんたのだと思っていたよ。売り台の前に置き忘れてあったのさ」

(ありがとう、カトリーヌ)

家に向かう。

私たちはゆっくりとウィンドー・ショッピングしながら戻った。空気は軽やかだった。厳しい寒さとにわか雨の数ヶ月が過ぎ、春がその鼻先をちょこっと見せ始めたのだろう……。

「ミミを外に出したままなんだ。通りすがりに連れて帰ろう」

「彼がそれをお望みならばね……」

今度だけは、カトリーヌの予言も間違っていた。彼は中に入れてもらおうと、私たちを待っていたのだ。玄関に鼻面をぴったりくっつけて。しかし遠くから私たちを見つけると、八キロの体重をものともせず、走って迎えにやってきた。

「このおデブちゃんが好き」とカトリーヌがつぶやいた。

「じゃあ、ルルは？」

「ミミは私を優しい気持ちにさせてくれる。そしてルルは感動させてくれるわ」

「じゃあ、ぼくは？　きみを優しい気持ちにさせる？　それとも感動させる？」

「あなたは私の夫よ。それですべて言い尽くされるわ」

おデブのあとについて、私たちも我が家にたどり着いた。

「キッチンにする？　それともリビングルームがいい？」

「あなたが決めてちょうだい」

カトリーヌが作り上げた我が家では、キッチンとリビングルームの区別は微妙だ……。女性は人生の半分をキッチンの中で過ごすと、カトリーヌは主張している。夫や家族や親友から切り離され、哀れにも疎外された女性は罰を受けるかのようにキッチンへ閉じ込められてしまうのだ。

そうならないよう、パリでもゴルドでも、彼女は調理場を皆が気持ちよく過ごせる一種の共歓の場にしようと考えた。そして、空間的（彼女のキッチンは両方とも広々としている）にも、設備的にもその考えを実現した。

四人から六人用の大きなテーブル、座り心地のよいソファ、実用書用の本棚が置かれ、壁には絵をかけた。暖炉では時折火がたかれ、テレビや美しい品々も置かれている。間仕切りカウンターは、コック二人が難なく働き回れる広さがあり、バーのようにアペリティフも楽しめる。つまるところ、ひじょうに快適な場所であり、そのうえ美しさも加味されていた。

その夜、私たちが腰を落ち着けたのは、もちろんこのキッチンだった。

私はテレビをつけた。かの名画『モーゼ』（映画）が流れていた。しかしすでに終わりに近い。それにこの映画は前に見たことがある。

「困ったちゃん、もう寝なきゃだめよ。晩《おそ》いもの」

「きみも自分ちへ上がるのかい？」

「すぐには行かないわ。まずあなたが眠りにつけるよう、お手伝いしなきゃね」

毎晩同じことが繰り返される。私がベッドに入ると、彼女は象徴的に毛布を上からしっかり整える。そして優しくおやすみなさいを言い合ったあと、私が夢の神モルフェウスの白い細い腕に抱かれて連れ去られるまで、彼女は見守っていてくれるのだ。ミミは私より先に寝室へ行った。

「だめだよ、おデブ。そこはぼくの場所なんだから。お願いだから少し場所を空けてくれよ」

勤勉な人が言うように、今日も一日長かった。眠りはごちそうだ……。階上の住人がどんちゃん騒ぎを少し自制してくれるか、スピーカーの音量を下げてくれたらの話だが……。

起き上がって浴室まで耳栓をとりに行くと考えただけで、うんざりする。だいいち、耳栓はもう捨ててしまったような気もするし……。枕にぐっと頭を埋めて、この雑音から逃れさせてくれる眠りをとらえようと手探りする……。

ああ、なんてうるさいんだ！　ふん、これを音楽と呼べだって！　私はいらいらして枕もとのランプをつける。

「あれ、これはなんだ……?」

ナイト・テーブルの上にそっとおかれているのは耳栓だ……。誰が薬品用キャビネットから持ってきてくれたかは、尋ねるまでもない……。ありがとう、カトリーヌ。

今日、四度目か五度目の「ありがとう、カトリーヌ」である。とはいえ、これが、私の普通の一日だ。

本当に、ごくありふれた普通の一日なのだ。

人生とはこうしたものさ……

仕事のスケジュールがぎっしりつまり、大きな計画に右往左往させられる。それが人生だ。しかし幸運にも私の人生には、カトリーヌとちょこちょこ会うというめりはりがついている。その際、どちらがイニシアティブをとるかは様々だ。カトリーヌが、問題に陥っている私を見て力を貸そうとしてくれる時もあれば、私のほうが、彼女の存在を身近に感じながらなにくれとなくしゃべりたい思いにとらわれる場合もある。

会ったり、話したりしていると、いたずら心がむくむく生じるときがある。買い物に行くため、サン＝ジル通りにある地下駐車場の区画から車を出しながら、私はふと思い出す。カトリーヌをからかったあの時を。

「このきれいなこすり傷は、きみが区画の柱にくっつき過ぎたおかげでできたんだよ。憶えている?」と私は、そばにいるはずの彼女に言ったのだ。その瞬間、ひっかくような金属音がして、大慌てでブレーキをかける。私も同じことをしでかしてしまった……。

「奥さんをばかにするとどんな目にあうか、思い知ったわね」とカトリーヌは言ったものだ。

いずれにせよ、私にとって最も貴重なのは、やはり彼女の助言だ……。

その朝、私は娘たちの来訪に備え、カヴァイヨンで買出しする予定を立てていた。日中は酷暑が予想されたため、私は早朝に起きて出かけた。十時ごろに戻ると、買ってきたものをトランクから出して片付けた。それから元気の出る昼食を作って食べ、おきまりの昼寝もした。

午後四時ごろ、しっかり目覚めた私はテラスに座った。そよ風がかすかに吹いていたが、涼しさを感じるにはほど遠かった。おデブのミミはよろい戸を全部閉めた書斎で眠っていた。ふと、帰宅後おチビのルルを見かけていないと気づいた。この暑さだから、ルルも涼しいところにいるのだろう……。私は家中を探した。時々もぐりこんでいる雑木林や下草の中も……。しかしどこにも姿は見えない。

心配だと、カトリーヌに訴えてみた。

「車にお乗りなさい」と彼女は言う。

「何のために？　やぶの中で寝ている可能性はあるけれど、道を走りながらじゃ絶対見えないよ」

「車にお乗りなさい」

「でもさ、そんなに遠くまで行くはずがないよ！」

「車にお乗りなさい」

「わかったよ、きみがそこまで言うなら……」

キーを持ってきて、車のドアを開けた。にゃーという声が聞こえた。哀れな姿を目にして、私は飛び上がった。そこにいたのだ！　かわいそうに、頭から足までぐっしょり汗まみれになって、座席の間で身をかがめていた。事態は明らかだった。私の知らない間に車の中へ飛び込んだルルは、窓の閉まった車内に午前十時からずっと閉じ込められていたのである。日差しをいっぱい受けて蒸し風呂と化した車の中で、茹だっていたわけだ。気温は六十度近くまで上がったに違いない。完全な脱水状態となって呻《うめ》いているいたいけなおチビを、私はキッチンに運んだ。一息にボール二杯分の水を飲み乾すと、ルルは横たわって、毛がごわごわにくっついてしまった足をなめた。

時として、カトリーヌの用心深さは、思いもかけない形で示される。いたずら猫たちがいらいらし始めたのに気づいた私は、六月二十日の木曜日にゴルドへ発《た》とうと決めた。

一人で車を運転して往復したことはまだ一度もなかった。八百キロの行程では、何が起きるかわからない。パンクだって、接触事故だって、車の故障だってあり得る。後部座席に猫二匹、トランクはスーツケースで満杯というのに、一切合財を非常駐車帯に残して最寄りの電話ボックスまで走るというのは、どう考えても用心深いとは言い難い。したがって、時には弟のロジェが、時には娘の一人が、そして時には友人の誰かが、不測の事態に備えて同行を申し出てくれる。

今回、親切にもその役を買って出てくれたのは、ステラ・バラルだった。午前八時半ごろ、モンパルナス通りにある彼女の家まで迎えに行き、そこからまっすぐ国道Ａ６号線へと突っ走る予定になっていた。

出発の前日、私はアパルトマンの玄関前の歩道に、ちょっとした空き場所を奪回できるかどうか気にしていた。もし空き場所があれば、そこにゴルフをとめて荷物を積み込めるので、遠くまで駆けずり回らずにすむ。

『奪回』という語を使ったのは、道沿いにある学校を守る目的で防護柵が作られ、いかなる駐車もできなくなってしまったからだ。一年前、爆弾の仕掛けられた小荷物（たぶんそんなものだったと思う）を積んだ車が、十五区にある学校施設の前で発見された（たぶんそんなことだったと思う）のが原因だ。問題の防護柵（十年後にもまだそこにしっかり立っていそうな代物《しろもの》だ）は、舗装された道路に深く打ち込まれた鉄の杭によって、地面に固定されていた。

私は計画を妨害するこの防護柵に挑み、必死で引き抜いた。最後には忌々しい頑固ものも屈服した。相討ちではあったが……。というのも、私も柵と一緒にうしろに倒れ、仰向けにころがってしまったのだ。しかし、問題なく立ち上がれたので、家に戻って荷造りを終えた。

夜中、右足の激痛で目が覚めた。歩けないほどの痛みだった。早朝、電話まで這《は》うようにして行くと、私はステラにかけた。「出発は延期だ」と。そして椿事を説明した。

しばらくしてからフイヤール医師に電話し、痛みとその原因、そして部位を詳しく話した。

「肉離れの可能性がとても高いですね。往診しましょう」と彼は言った。世話になっている運動療法士アンヌ＝ロール・カルフォンの診療所は、家から二十メートルの所にあった。私はそこまでやっとの思いで出かけた。彼女は私の身体を非常に注意深く調べ、さまざまに異なる動きをとらせた。

「ひどい肉離れですね。お医者さまに頼んで、鎮痛剤を何本か注射してもらってください。でも、少なくとも二週間は痛むでしょうね」というのが、彼女の結論だった。帰宅すると、不機嫌なまま妻を呼んだ。

「ねえ、ごたごたはもう終わりじゃなかったのかい？」

「ごめんなさい。でもあなたを今日出発させないようにするのって、それしか思い浮かばなかったの」

「なぜ？」

「途中でとんでもない目に遭《あ》うところだったの……」

その前の週、私は新品同様のゴルフを叩き売って、より馬力のあるモデルに買い換えた。愛しいお宝猫たちが熱射病にかかることなく南仏まで快適に行けるよう、エアコンもつけた（やつらは高くつくのだ）。ふいに、ディーラーが口にした次のような忠告を思い出した。「タイヤは四つとも新品です。だから最初の三百キロは、絶対に雨天での走行を避けてください。ハイドロプレーニング（濡れた路面でのタイヤの浮き上がり）の起こる恐れがありますから……」

その日は朝から土砂降りの雨だった。天気予報によれば、突風と集中豪雨はアヴィニョンにまで及んでいた（翌日私は知った。トラックを巻き込んだ玉突き事故が起こり、国道A６号線はその日、相当数の破損車からなるスクラップ場と化したことを）。したがって、私としてはもちろん守護天使さまにお礼を言うしかない……。細部にこだわったりはせずに。

「もう少しお手柔らかなやり方は見つからなかったのかい？」

「二日もしたら問題なく歩けるわ。前と同じようにね」

「そんなことありえないよ！　医者の話だと、少なくとも二週間はかかるらしい。そのうえ、運動療法士も薬剤師もそう請け合っているんだ」

「二日もしたらね、困ったちゃん、うさぎみたいに動き回れるわ。信じてもらって大丈夫よ」

「鎮痛剤の注射二本だけで？　もしそうなったら、奇跡だね！」

しかし土曜日の朝、私は元気はつらつとしてベッドから飛び下りた。痛みの影も見えなかった。確かに、それは奇跡だった……。

私はステラに電話した。

「明日発《た》ちたいんだけれど、いいかな？　日曜日ならトラックも走っていないし。のんびり行けるよ」

実際、そのとおりになった。ゴルドまでの旅は快適だった。

いずれにせよ、カトリーヌが実際に関わっているか、あるいは関わっていると思われることについて、私は時々、考え込んでしまう。以下に記す出来事もその一つである。

私のワイシャツは善良なジョゼファが勤勉にアイロンをかけてくれていたが、一つ二つボタンの欠けている時があった。何週間も前から気になっていて、一度きちんと言っておかねばと思っていたが、いつの間にか忘れてしまった。

ある土曜日、手紙を読んでいると、ジョゼファがキッチンへ入っていくのが見えた。彼女は鎧戸のついた小箪笥《たんす》に向かい、中からカトリーヌの裁縫道具入れを取り出した。結局、その日、彼女がハンガーにかけておいてくれたワイシャツのボタンは、一つとして欠けてはいなかった。

次の水曜日、ジョゼファはいつもより少し早くやってきた。その時、私とカトリーヌは、毎朝お決まりのちょっとしたおしゃべりをしていた。

私はずっと、ジョゼファには秘密を打ち明けないほうがよいと思っていた。彼女がカトリックであり、教会にも通《かよ》っているのは知っていた。しかし、フィリピン生まれの純朴な彼女の精神構造がどのようになっていて、いかなる精神的衝動を有しているのか、私はまったく知らなかった(とはいえ、先に記した聖水盤のエピソードによって、彼女に対する見方が変ったのは確かだが)。

ともかく、その水曜日、私はヴェールの片隅を思い切ってめくってみようと考えた。

「ジョゼファ、マダムがしょっちゅう家にいること、知っているかい?」

「ええ知っていますとも。この前の土曜日、だんなさまのワイシャツを吊るそうとしたら、マダムがおっしゃったんです。『ジョゼファ、ボタンのとれたワイシャツをしまっちゃだめよ』って。だから、洋裁箱を取りに行って、ボタンを付け直したんです」

ジョゼファが行ってしまってから私は結論を下した。ジョゼファは、そんな場合にカトリーヌがどう言うかを想像したのだと。しかしよく考えてみると、カトリーヌが忠告や配慮するのは私だけと思うなんて、ちょっとうぬぼれが過ぎるんじゃなかろうか。それに嘘なんかついて、ジョゼファに何の得があるというのだ……。

だいいち、カトリーヌの存在を感じ、たまさかとはいえど私同様テレパシーのように彼女からのメッセージを感じ取っているのは、ジョゼファ一人ではない。カトリーヌの大のお気に入りだった看護師のテレーズ・プセ（彼女たちは最終的に、とても親しげに口をきくようになった）もその一人だ。

私はその前の年と同じく、ゴルドへ来て一週間過ごすよう、テレーズを招待した。今回、彼女は娘の一人を連れてきた。二十歳をいくつか過ぎたジュリーは、感じのよいきれいな娘だった。その午後、戸外の気温は何が何でも泳ぎたくなる高さを示し、ジュリーはプールではしゃいでいた。テレーズはタイル張りのプールサイドにおかれたデッキチェアに座って、娘が泳ぐのを見ていた。母親をからかおうとして、ジュリーは水しぶきをかける手真似をした。その拍子に、はめていた指輪を落としてしまった。それは祖母から受け継いだもので、ちょっと大きかったのだ。

水は澄んで透き通っていた。ジュリーはテレーズの助けも借りて、プールの底を捜した。しかし何も見つからなかった。毎日その時間には清浄機が作動し、一定の方法に従ってプールの壁と床が掃除されるようになっている。助けを求められた私は、機械の度を越した働きのせいで、おそらく飲み込まれてしまったのだろうと思った。それで、機械を水から引き上げ、ごみがたまる袋の中身を出してみた。袋は空《から》だった。

その時、家の中で電話が鳴った。電話機に向かって駆け出しながら、私はテレーズに言った。

「カトリーヌに、助けてくれって頼んでみたら」

十分後、ちょうど受話器を戻した時、テレーズが嬉しそうに笑いながら書斎に入ってきた。

「長いはしご、持っている?」

「持ってるよ。でも、なぜ?」

彼女は話してくれた。

「あなたが行ってから、カトリーヌに頼んでみたの。『お願い、指輪がみつかるよう、助けてちょうだい。ジュリーがとても大切にしているものなの』って。その時、はっきり聞こえたのよ。『空のほうを見てごらんなさい』って声が。びっくりしたわ。空のほうを見るんですって? 上を見ても、本当に空しかないじゃない! 突然、プールから十メートル離れたところにプール・ハウスがあるって思い出した。でも、そこまで飛んでいくなんて、ありえない。そうしたら、また聞こえた。『空のほうを見なさい!』って。私がいたところからは何も見えなかったから、プールの周りを回ってみたのよ。向こう側に行ったら、なんてことでしょう。瓦の上に指輪が見えるじゃない! 太陽の光を受けてキラキラしていた……。

もしカトリーヌが『空のほうを見なさい』って言ってくれなかったら、ちょっと手を動かしただけで、プールの真ん中から地上四メートルもある屋根の天辺まで指輪が飛んでしまうなんて、想像もしなかったわよ！」

これまた、私自身に起きた話ではない。ＨＡＤ（在宅医療センター）で非常に高い評価を受け、重責を担っている看護有資格者に起きた話だ。彼女は理性的で、非の打ち所ない健全な精神の持ち主である。さらに言えば、地にしっかり足の着いた、幻想などまったく抱かない人間でもある。

カトリーヌは私に何度も言っていた。

「あなたに起きた幸運や好都合を、何もかも私のせいにしないで。思いがけないつきっていうのもあるのよ」と。

オーケー、わかったよ。それでも、燃料計に注意するのを怠っていたためガス欠になった時には、やはりカトリーヌが親切に手を貸してくれているに違いないと考えてしまった。なぜなら、車が動かなくなったのは、タイミングよくもガソリンスタンドの前だったのだから。車を押す必要さえなく、ガソリンは満タンになった。

とはいえ、彼女を呼ぶのにためらいを覚える時もあった。とても忙しいというのはわかっていたし、私なんかの用事よりもっとずっと心高まる仕事があることも知っていたので、煩わせるのは気がひけたのである。そのたびに彼女は、私が安心するよう気を配ってくれた。

「そんな心配をしてくれるのは、あなただけじゃないのよ。この世の多くの人は、私たちを自分のそばに呼んだりしたら、足をつかんで天国から引きずり下ろしてしまうんじゃないかとか、幸せを取り上げてしまうんじゃないかとか、開花を遅らせてしまうんじゃないかなんて思い込んでしまう。大間違いもいいところね。あなた方がこの世で送る最後の日々を共にし、苦境や孤独に陥っている時には寄り添って励ましたり助言したりし、必要な時にはいつでも手助けするというのも、私たちの役割の一部なのよ。だから、そうしたからといって、まったき自己開花へと向かうゆっくりした輝かしい上昇は、いささかなりとも妨げられたりなんてしないの」

「それでも、より高い精神状態へと進んだほうが、きみはもっと幸せなんじゃないかい？　それをしょっちゅう考えてしまうんだ……。ずっとそばにいてほしいと願ったりすれば、きみに与えられるさらなる幸せを奪ってしまうんじゃないのかい？」

「いいえ、そうは思わないわ。こちら側に着くや否や、私たちは形容し難い無限のまったき幸せに包まれるんだけれど、それはその時、百パーセントきっぱり与えられるものなの。より高い精神状態へ進んだとしても、より幸せだというわけじゃないのよ。そうじゃなくって、より大きく開花するだけのこと。より大きく開花するというのは、さらによく知り、自然と神の摂理をさらに理解し、自分の中に神の存在をさらに強く感じるということにつながっているの。安心してちょうだい。私の精神的完成はほんの少し遅れるかもしれないけれど、より高いところに比べて幸福感が薄いわけではまったくないのだから」

真夜中か、そうでなくとも真夜中近くにはなっているはずだ。

月の光をいっぱいに浴びたテラスで、私たちは二人して、芳《かぐわ》しい夜と永遠を語りかける無数の星に見とれている。

猫たちはお気に入りの椅子で丸くなり、すでに眠っている。私たちは彼らを優しく見る。そして愛に満ちた目で、お互いを見詰め合う。

《緑の瞳、黒い瞳、愛されし瞳、美しき瞳
果てしない夜明けの光に向け、開かれる
墓を越えたあちら側
臨終を告げられし瞳、生き生きと

シュリィ・プリュドム》

他に何か付け加えることは？

他に付け加えることなど、何もない……。私は、誰の導き手でもないということ以外は。カトリーヌと私が意思を疎通させているのは本当だ。それは確かだ。しかし私は、いかなる『秘訣』も持ち合わせていないし、いかなるこつも知らない。与えるべき助言など何もない。

多くの人が、「あなたみたいにできるようになるには、どうすればいいのですか？」と、手紙に書いてくる。そんな人への返事は以下のとおりだ。

「わかりません……。私にできるのはただ、カトリーヌと私が何に賭けていたかを繰り返すことだけです。なによりも、私たちは信念を共有していたのです。つまり、

〈私たちの魂が不滅であること〉

〈魂は光の中で神に迎えられ、幸せな永遠の生を得ること〉

〈死が愛し合う者を引き裂きはしないこと〉

それらの信念に私たちは賭けたのです」

そう、これが私たちの三つの真理だ。

私は眠れぬ時、カトリーヌがそばにいてくれるのを知っている。そんなふうにしても、いささかたりとも彼女が『仕事に精を出す』邪魔にはならない（彼女によれば、仕事は心を豊かにするもので、多岐にわたるらしい）。

大切なのは、この三つの真理だと心してほしい。もしあなたが私たちのように確信したら、ものごとは前と違って見えるだろう。

『愛する人』はすぐそばにいて、あなたを見つめ、あなたの声を聞き、あなたを守っていると知ってほしい。カトリーヌが言ったようにあなたの『愛する人』は『ものすごく幸せ』なのだから、泣いたりしたらその幸せを嘆くことになってしまうと、知ってほしい。

そしてさらに、時が来れば『愛する人』と再会し、至福を共に味わいつつ、手をたずさえて道を続けるのだと知ってほしい。

そうすれば、死は短い中断であり、ただ姿が見えなくなるだけの瑣事《さじ》に過ぎないと思えるようになる。それに比べると、意思の疎通はおまけか、めったに与えられない贅沢のようなものだ。もちろん、意思の疎通を図ろうと努力してみる価値はある。静かな時間を選び、あなただけが示せる愛の力をいっぱいに込めて『愛する人』を呼び、頭を完全に空っぽにし（これは簡単ではない！）、瞑想的な受信可能状態になり、そして待ち、望む……。私にはその意欲があったが、それでも意思の疎通が可能になるまでには二ヶ月が必要だった。

以上で、話し尽くしただろうか……？　カトリーヌは数ヶ月前、私に明かしてくれた。

「マルタが、私たちをとても助けてくださった」と。

シャトーヌフ＝ド＝ガロールにある愛の家で黙想会があった際、私たちはマルタ・ロバンに会うため、彼女の生まれた農場に行き、鎧戸の閉められた小さな部屋を訪れた。

三十年来、彼女はそこに引き籠《こも》って暮らしていた。とはいえ、信じられないほど活動的で、あちこちに立派な慈善ホームを設け続けていた。そしてなんと三十年来、彼女は食事をとっていなかった。一滴の水も、一切れのパンも食べず、口にするものといえば神父が毎朝届ける聖体（パン）だけだった。毎週金曜日になると、彼女はキリストの受難を再体験した。それは木曜日の夜から始まる。磔《はりつけ》にされたキリストと同様の傷痕が額、両手、両足に現れる。かくして、彼女は殉教の苦しみを味わうのだ。しかし、翌日にはわずかな傷あとも残らない。一群の医師たちが信者、無神論者を問わず訪れ、それを確認している。

カトリーヌは、この非凡で時を超越したような人物から非常な感銘を受けた。私ももちろん同様だった。私の過去を知った彼女は、シャルル・ドゴールについて長々と質問した。そのため私たちの会話は、当時大問題となっていた話題へと移っていった。彼女はそれに関する私の意見を知りたがっているようだった。

翌日のミサのあと、黙想会の責任者であるフィネ神父から、マルタがもう一度会いたがっていると知らされた。私たちは再び長い会話を持つことになった。彼女は何にでも興味を示した。そして、フランスや世界を揺さぶる政治的・経済的・社会的急展開について熟知していた。そんな彼女が亡くなってから数年が経つ。

「マルタが私たちをとても助けてくださった」と、カトリーヌは私に言った。

この聖女が私たちをどれだけ助けてくれたか、想像に難くない。彼女のおかげで、本書に書いたとおり、ことは運んだのだ。人は私に言う。「ラッキーでしたね！」と。

そう、私もそう思っている。カトリーヌは私が必要な時にはいつもそばにいてくれる。それもしばしば。彼女に触ることも、その姿を見ることもできない。しかし彼女の存在感は非常に濃密だから、私は恐ろしい孤独を知らずにいられる。他の多くの人はその中でももがき、絶望している。でも、彼らのそばにも『逝《い》ってしまった愛する人』はいるのだ。ただ彼らがそれに気づかないだけ。愛する人は『道の向こう側で』、彼らを辛抱強く待っている。しかし、彼らはそれを信じようとはしない……。

自分自身の死に怯《おび》えている人たちには、どんなふうに言えばいいのだろうか？

死は、落とし穴と苦しみだらけの短い現世から、まったき至福へ移ることに過ぎない。しかも、そこでは先立った人たちに温かく迎えられる。それを、どう納得させればいいのだろうか……？

死は罰ではなく、解放だ。

生の扉を閉じるのではなく、大きく開け広げるのだ。

消滅ではなく、再生なのだ。

もしこう主張しているのが私だけなら、疑われても当然だ。しかし無数の確言と無数の証言が、その確かさをこの上もなく強力に裏付けている！

解放である死がドアをノックした時、なぜ多くの人は誤った、逆の反応をするのだろう？　現世を旅立つ者は喜んでいるのに、残される者は涙する。彼らは墓へ花を手向けに行く。その下には誰もいないのに。彼らが絶望と沈黙の中に閉じ籠っている時、幸せな死者は天上のファンファーレに迎えられているのだ……。

魂の不滅を信じている者の中には、些細《ささい》な罪を犯したため、『地獄の業火』に罰せられるのではないかと恐れている者もいる。そういう者は以下のことを心すべきだ。

地獄が迎え入れるのは、なにもかも承知して、自分の意思に基づき最後の最後まで憎しみを込めて神の慈悲を否定する者であると。そして神が与えようとする赦《ゆる》しを、息を引き取る瞬間まで拒否する者であると。そのような者など極めて少ない……。

これらはすべて、カトリーヌもはっきり認めている。しかし、私はずっと前からそうだとわかっていた。だからあらゆる人同様、私も待ち構えている現世の死へと歩みを進めているが、心は穏やかだ。待ち遠しい気持ちがどんどんふくらんでいる。私の最大の幸せは、明日死がやって来ると聞かされることだろう。

かつてカトリーヌは死ぬ準備をした。私も、あちら側の世界にいる彼女と再会するための準備をした。しばしば私たちは完全にリラックスして一緒に話し合った。根拠のない推測をして楽しむ時さえあった。

「あなたの考えでは、私を迎えてくれるのは誰だと思う？　言い伝えどおり聖ペテロかしら？　それとも守護天使？　あるいはママかしら？」

「誰かわかったら、すぐに教えておくれ」

「あちら側へ行く前、きっと昏睡状態に陥るわ。癌が全身に転移した場合にはよくあることだもの。ねえ、私もアンリがいつか話していた、例の光のトンネルを見るのかしら？（友人のアンリはいわゆる臨死体験をしている）

「わからないな……。見るんじゃないかな」

実際のところ、彼女はそのトンネルを見はしなかった。あとになって彼女は、ことがいかに運ぶかを話してくれた。

「あなたは午前一時に言ってくれたわよね。『六月一日になったよ。きみは勝ったんだ。でも、もう逝ってもいいんだ……。もう戦わなくてもいいんだ……。がんばらずに、逝ってもいいんだよ……』って。私はその声を聞いていたわ。それから突然、二つに分かれたみたいな感じを受けたの……。もう苦しくはなかった。私は自分の身体を離れて、それを見たわ。とても高いところから、まるで私とは無関係なものみたいにね。でも、それはやっぱり私だった……」

「きみは、上のほうで横たわっていたの？」

「わからない……。そうじゃなかったと思う……。視線だけになっていたような気がするわ。私は自分の身体を見ていた。あなたも見えた。涙をこらえられない様子のテレーズも見えたし、ミミがいつもどおり餌をねだっているのも見えた……。自分が信じられないほど軽くなったように感じたけれど、同時に恐ろしいほどの悲しさも感じていたわ。あなたはといえば、本物の孤独を初めて味わっていた。でも話しかけることも、慰めることも、約束どおりすぐそばにいるって言うこともできなかった。それに自分の身体から完全に離れてしまうこともできなかったの。一本の糸、命の糸かしら、そんなもので身体につなぎとめられている感じだった……。目を上げると、リビングルームの梁《はり》は見えず、真珠みたいな、それにちょっとミルクっぽい白い色が見えた。初めて目にするような白だったわ。時間の観念もなくなっていた……」

「深い昏睡状態は三日以上続いたんだよ。その間、ずっとリビングルームにいたの？」

「そうするしかなかったの。動けなかったんだもの。私の下で、朝の光が少しずつ家具やいろんな品物を照らし始めるのが見えた。そして、もう私はいないのにまだ呼吸し続けている肉体のところに、あなたが来たのも見えたわ。でもあなたにはわかっていた。私がもうそこにはいないということが……。あなたがキッチンでコーヒーをいれているのが聞こえた……。ルルは私の抜け殻のそばに飛び乗ったけれど、すぐに下りたわ……。時間も日も、わからなくなった。何の意味も持たず、ただ流れて行くだけだった……」

「心臓が停止したのは、四日の夜だった」

「そうね。夜間付添い人は、ベッドのかたわらの椅子に座って目を閉じていたわ。私のちっちゃな黒猫がまた寄ってきた。で、私は言ったの。『かわいこちゃん、もう、ママは逝《い》くわ』って。

するとルルはベッドのすぐそばで吐《もど》したの。まさに私をつなぎとめていた糸が切れた瞬間にね。夜間付添い人を起こしたのはルルだった……」

「それからどうなったの？」

「一瞬だった……。そう、電光石火のごとく……。無意識だったような気がするけれど。気がつくと私はこちら側にいたの……。でも、それからあとのことは、もう何も話せないわ。わかるでしょう、フィリップ？」

彼女の旅立ち、そう、この彼女の物語のすべてが穏やかだった。恐れなければならないものなど何もない、静かな旅立ち。安らかな物語……。

彼女が旅立ってからの話は、本書に記したとおりである。その中で、私が力の限り強く訴えたいのは、揺るぎなどまったくない一つの確信についてである。

つまり、あちら側への大いなる移動は、喜びと安らぎ以外の何ものでもないという確信。

私たちはすり切れた衣服を脱ぎ捨てるかのように現世を去り、光の衣《ころも》を身にまとって、想像もつかない強烈な幸福の中へと踏み出すのだ。だから怖がることなど一つもない。そして、自分自身に対しても、他者に対しても、涙を流す理由など何もない。

「見てらっしゃい、すべてうまくいくから」と、友人のペギィは手紙に書いていた。でも本当に、この本で訴えたかったメッセージはちゃんと伝わっただろうか？

大丈夫だと、私は思う。

カトリーヌが言っていた。「山のような手紙が届くわよ（私自身は、そう思わなかったが）。すべての人に、返事しなきゃだめよ。彼らに待ちぼうけなんか食らわせないように。いったん始めたことは、きちんと終わらせなきゃいけないの。不幸な人たちを、宙ぶらりんのまま放っておくわけにはいかないんだから」と。

カトリーヌは正しかった。驚異的な量の郵便物が届いた！　皆が、慰められたと感謝してくれた。ある者は平穏を、ある者は希望を、そしてすべての者が安らぎを得たと綴《つづ》っていた。

一通だけ、非難の手紙があった。現代における形而上《けいじじょう》研究の新しいデータがまったく示されていないと。

それは私の目的とは異なるし、私にはそのような才能もない。私は神学者でもなければ霊媒でもないし、哲学者でもなければ交霊術者でも研究者でもない。ちょっとした違いはあったとしてもおおむね似たり寄ったりの生について、誰にでもわかる言葉で記しただけだ。愛する人との完全な別離などないということを、少し語っただけだ。

『超コミュニケーション』と呼ばれるもの、つまり自動書記やビデオや、その他よくわからないさまざまなものによる意思の疎通に関しては、多くの非常に学術的な書物が取り上げ、説明している。私がそれらを疑ってかかるのは思い上がったことだし、愚かなことだと思う。

しかし、愛する妻と会話するのに機械など必要ないのは、よくわかっている。この物語はとても現実的だと思うのだが、どうだろうか？　まるで人生のようだと思う。私や、隣人たちの人生のようだと。

ただ、私の場合、他の人よりほんのわずか恵まれていたかもしれない。

しかし、もしこの平凡な物語が、カトリーヌの望みどおり、絶望している人にわずかばかりの希望を与えたならば、私は書いてよかったと思う。

《聖アウグスティヌスの祈り

泣かないで、私を愛しているなら。
ああ、きみも知ったら、泣きはしないだろう。神の恵みと天国が何なのか。
天使の歌声が聞こえ、私が彼らの真ん中にいるのが見えたなら！
無限の眺望と野原、そしてそこに刻まれた私の歩む新しき小道。目の前に広がっている
それらが見えたなら
いかなる美さえ色あせてしまうようなこの美しさを、一瞬だけでも私のように見つめる
ことができたなら！
えっ、影の国で私と会って、愛しただって？　それならば、不変の実在性を有するこの
国で私と再会し、なお愛し続けることもできよう？
信じて欲しい。死が、私を縛っていたものを断ち切ったようにきみの束縛を打ち砕きに

やって来る神のみぞ知る日に、私が先んじてやって来た天上へきみの魂も着いたなら、
その日こそ、かつてきみを愛し今なお愛し続ける私との再会の時だと。きみは私の心を
取り戻し、純化された愛を取り戻す。
涙をぬぐって、泣き止んでおくれ、私を愛しているならば。

聖アウグスティヌス》

最後の最後に

訳者註
この最終章である「最後の最後に」は、二〇〇三年版にあらたに加筆されたものです。

打ち明けて言うと、こんな展開になるとは、それほど思っていなかった……。この本を書いたのは、ひとえにカトリーヌの強い要望に応えるためであった。

「死に向かってのろのろ進んでいたあのぞっとするような日々を、もう一度味わわなきゃならないってことは、わかってる。それがどんなに辛いかも。でも、私の話は、あなたを絶望から解放してくれたんじゃなくって？　それならば、今度は、あなたが他の人々を絶望から解放してあげる番よ」

「そんなこと、ぼくにできるだろうか？」

「ええ、できるわ。私が言ったり明かしたりしたことを、わかりやすい言葉で率直に伝えればね」

私は言われたとおりにした。彼女がそう言うのだから、従わねばならなかった。しかし、そうしながらも、こんな展開になるとは、それほど思っていなかったのだ。

今日、読者から寄せられた手紙の巨大な山――五千通以上もの――を前にすると、彼女の考えがいかに正しかったか、ずっとよくわかる。

でも、彼女は私に忠告してくれた。

「手紙の送り主の中には――まあ幸いにもそう多くはないんだけれど――、あなたを危険な方向へと道を誤らせるような質問を書いてくる人もいる。彼らはあなたを一種の奇跡体験者みたいにとらえて、あの世からの声を聞き取り、それを書き取り、彼らのために、私を介して神の恵みを手に入れることができると思っているの。つまり愛がよみがえったり、素晴らしい仕事が見つかったり、思いもかけなかったような幸運にめぐまれたりするとかのね。

あなたがただ手をかざして祝福するだけで、心の傷さえ治せると考えているかもしれない。だから、あなたは一点の曇りもない断固たる態度でいなきゃならないの。あなたはいかなる神秘的な力も持ってはいない。特別に私と言葉を交わせるからって、天国の聖人がみんなあなたに跪《ひざまず》くわけでもない。生者と死者をつなぐこの種のコミュニケーションが稀だとしても、その恩恵に浴したのはあなたが最初ってわけでもないし、人間のあらゆる辛さや悲しみを背負う使者になれるわけでもない。

この物語に『第二巻』なんてものはないの。そんなものを書いても、危険な解説書になるか、半年間のベスト・セラー状態に酔った著者の個人的なたわごとになるだけよ。もう一度繰り返しておくわ。第二巻なんてないの。なぜなら、もうこれ以上は、あなたに話すのを許されていないからよ。あなたが正直で誠実な人だということはわかっている。だから、私自身が避けたような質問の答えを自分で考え出したりはしないでしょう。そんな質問をしてくる人に対しては、話せることはすべて本の中に書かれているとはっきり言えばいい。必要ならば、読み返してください。これ以上付け加えるものなど何もありませんってね」

この会話はごく最近交わしたものだ。時刻は真夜中近くになっていた。テレビを見るのにも飽きて、再読しようと手紙を手にした。しかしその手紙は私を困惑させた。それで彼女に相談したのだ。雨が激しく窓ガラスを打っていたが、べつに会話の妨げにはならなかった。彼女はさらに言葉を継いだ。

「でもね、私が、この世の人たちよりもずっと神のそば近くにいるってことは真実よ。それに神の前で、正しい人々を弁護できるってことも真実。もちろん最終的な決定を下すのは神のみだけれど。あなた以外の人にだって、手を差し伸べたり助けたりしたわ。彼らが私にそれを頼んだからよ。たまに、頼まれなくても私のほうから動いたときもあったけれど。

あなたがしてはならないのは、霊媒的導き手の役を引き受けるってこと。そうさせたがっている人はいるけれど。超自然的なものごとは、いつだっていかさま師を惹《ひ》きつけるわ。自分の想像力の産物でしかないものを啓示だと言い、自分でもそんなふうに心底信じてしまう者も少なくない。ただの自然現象ですらあの世からの合図と思い込んでしまう者もいる……」

実際、カトリーヌの言を証明するような手紙もいくつか受け取った。信じたいという気持ちや期待が強過ぎると、越えてはならない境界を越えてしまう場合があるのだ。

ところで、亡き人たちは時として、我々に合図を送ってくれるが、果たしてそれが本物の合図なのか、それとも合図だと思いこもうとしているだけなのかを見分けるのはむずかしい。私に手紙をくれた人の中にも、合図を受け取った人が何人かいた。

彼らの言によれば――それを疑う理由など私にはまったくない――亡き人たちはさまざまなやり方で自己表示するようだ。強烈な存在感というのもあれば、誰もいない部屋での足音というのもあるし、触りもしない電灯が点《つ》いたり、亡き人がつけていた香水が突然、部屋に漂うというのもある。

もっともよく言及される『合図』は、物の移動についてである。そしてそのもっとも見事な例の一つを、ある司祭から詳しく聞いた。彼の住まいに時をわきまえない訪問者がどっと押し寄せてはならないので、名前はここに記さない。

彼はオート＝ピレネー県にある小さな村の主任司祭をしている。ある朝、彼は友人から電話を受けた。神学校で知り合ったその友人も、彼と同じようにある小教区の祭務を担当していた。友人は近々訪問すると告げた。

「十三時二十七分着の汽車だから、昼食は会うまでにすませておくよ。ぼくはまだ、ルルドへ詣《もう》でるチャンスに恵まれていないんだ。きみのところから遠くないから、その日の午後にでも車で連れて行ってくれないかな？」

その日、二人は会うと、司祭の古いおんぼろ自動車――古ぼけてはいたがまだなんとか走った――に乗って出かけた。そして聖域に一番近い駐車場に車をとめた。司祭は財布からコインをつまみ出すと、駐車券発売機の上に財布を置き、駐車券をとった。そして駐車券をワイパーの下に滑り込ませ、先に行く友人を追いかけた。財布をそこに置き忘れたままで……（言い忘れていたが、彼はもともとぼんやり屋なのだ……）。

大聖堂、地下の教会、奇跡の洞窟、ロザリオバシリカ聖堂などを拝観し、祈りも捧げたあと、彼らは駐車場に戻った。車の鍵を探そうとポケットをかき回して、わが親愛なる司祭氏は財布がないと気づいた。彼は駐車券発売機のところへ行った。もちろん、財布は消え失せていた！

私の本を読んだ彼にとって、カトリーヌはいまや友人だった。

「私はしょっちゅう加護を求めます。問題が生じれば、彼女に助けてくれるよう頼むのです」と、彼の手紙にはあった。

彼はその日も、そうしたのである。

「マダム・カトリーヌ（彼はそんなふうに呼びかけるらしい）、財布が見つかるよう、手を貸してください。あなたもご存じのように、私は貧しい。あの財布には、今月、なんとかやっていくためのなけなしのお金が入っていたのです」

二人は車に戻った。右のドアの鍵穴に鍵を差し込んだとき、窓ガラス越しに目にしたのは何だったのか？　財布だ！　助手席の上においてあった……。鍵は確かにちゃんとかかっていたというのに！

この話をしてくれたのは狂信者などではなく、神父だ。心身ともに健康な村の善良なる司祭なのだ。

また、読者二名は、わが愛猫ルルがカトリーヌの来てくれた夜にとったのとそっくりな反応を、自分たちの飼い猫も示したと教えてくれた。つまり、その場に立ちすくみ、全身の毛を逆立たせ、低いうなり声をたてながら動転したような眼差しで虚空を見つめたのである……。人間には感知不可能な気配も、猫の第六感なら見抜いてしまう。

『合図』について、避けるべき落とし穴は二つある。盲信と、その対極にある過度の不信である。よく注意して、普通ならありえないことや突飛なことを見つけ出さねばならない。

しかし同時に、風に吹かれた鎧戸が壁にバタンとあたったぐらいで、あの世からのメッセージと思ってはならない。

旅立ちから八年近く経った今、カトリーヌの気配はごく稀にしか感じられなくなった。それについては、あらかじめ彼女から告げられていた。

「高く昇れば昇るほど、下界の些事《さじ》からは遠くなるわ。でも、だからといって、思いの中でもあなたから離れてしまうってわけではまったくないの。前も話したでしょう。忘れたりしないでね。ここでは、私たちの能力は十倍にもなるのよ。地上ではできなかったこともできるようになって、あなたが生き、行動し、考え、歩いているのを眺められるわ。話しかけることだってできる。そしてそれとまったく同時に、ここですべき活動にも専念しているの」

それはどんな活動なのかと尋ねると、彼女は笑って答えてくれた。

「よく考えてみて……。まず何よりも、祈りよ。ねえ、祈りってほんとうはどんなものか、あなたは知っている？　いくら美しいとしても他の人が書いたに過ぎない言葉を、ただ単に暗誦するのが祈りってわけじゃないのよ。そうじゃなくって、愛の中にどっぷり浸ることなの。私たちに向けられた神の愛と、神に向ける私たちの愛の中にね」

「それ以外は？」

「無数よ……。私たちより先に亡くなった人と会ったり、長い話し合いをしたり、意見を交換し合ったり、地上で生きていたときのことを思い出したり、愛してくれた動物を撫《な》でたり……。それ以上は言えない。だってもう私の言葉は、あなたのとそっくり同じってわけではないもの……」

「で、それらすべてをしている間も、ずっとぼくたちを見守り続けているっていうの？」

「そうよ。あなたたちから目を離したりなんて決してしない……。思い出してちょうだい、ブジヨーさまの書かれたことを。

『この世の中には、大きな悲しい間違いを犯している人たちがいる。それは、死によって命を奪われた者は、私たちから離れていってしまうと思い込むことだ。

離れたりはしない。私たちのそばにいる……。

彼らはどこにいるのか？　暗い陰の中なのか？　いや、違う。

陰の中にいるのは私たちのほうだ。

彼らは私たちのそばにいる。これまでよりずっと存在感を持って。

私たちには彼らは見えない。なぜなら、私たちは黒雲に包まれているから。

でも、彼らには私たちが見える。彼らの光に満ちた美しい目は、私たちの涙あふれる目にじっと注がれている。

ああ、死者は見えないだけでいないわけではないというのは、なんという慰めか。

言葉になどできないほど深い慰めだ』

ってお言葉を」

今日、彼女とコンタクトがとれるのは、以下の二つの場合だけである。

一つは彼女の助言を緊急に必要とするときで、呼びかければ、答えてくれる。とはいえ、彼女は自分のバルコニーから返事してくれるだけなのだが。もう一つは、私が危険に陥りそうになったり、過ちを犯しそうになったり、誤った選択をしそうになったりしているのを、彼女が感知した場合で、私を守るため、彼女は自発的に動いたり、あるいは正しい決断をささやいたりしてくれる。彼女が守護天使のようなこの役割を引き受けてくれていると気づくまで、時々、あらかじめ考えていたのとまったく逆のことを言ったりしたりしてしまう場合があって、驚いたものだった。

視野の狭い我々の目に、『この世の生を超えた場所』からやって来るように映る神秘的な出来事。それらに対して、私たちは大いに謙虚になる必要があろう。強く一心に信じるということに理屈などない。

以上、すべてを述べた。ここで、ピリオドを打とう。

訳者あとがき

フィリップとカトリーヌは人生の晩秋にさしかかった老夫婦です。しかし互いにやりがいのある仕事を持ち、多忙ながら充実した日々を送っています。深く愛し合う二人は多くの良き友や愛猫に囲まれ、申しぶんない幸せのなかにいました。そんな二人に突然、不幸が襲いかかります。カトリーヌが癌に侵されたのです。迫りくる死を前に、二人はこれからもずっと一緒に生きていこうと誓います。そして実際、カトリーヌはこの約束を守ります。彼女は死してなお夫とコミュニケーションをとり続け、彼を導き、守り、日々の生活を共にしたのです。

『愛は死を超えて』は、愛する近親者の死に絶望している人たちを励まそうと、著者フィリップ・ラグノーが自分自身の体験を綴った物語です。しかし著者の思いはそれだけにとどまらず、死を恐れる人や病に苦しむ人、あるいは日常生活の重みに負けそうになっている人など、この世に生きるすべての人へ向けられています。カトリーヌはフィリップに言います。「生まれてきた意義を果たせる限り、課された責任を負える限り、加齢による病や故障に耐えうる勇気のある限り、逃げずに生に立ち向かいなさい」と。死を扱った書物でありながら深刻さや暗さはほとんどなく、読後いつまでも残るのはなんともいえない幸福感です。それは本書が死に対する暗いイメージを払拭し、死を肯定的にとらえることで、目の前の生にも積極的に取り組む意欲を奮い起こしてくれるからだと思います。

パリとプロヴァンス地方での日常を舞台に繰り広げられる物語には、フランス人らしいひねりのきいたユーモアが随所にちりばめられていて何度も笑いを誘われます。また、愛猫とのエピソードは、猫に関する作品を多数出版している著者ならではの視点から描かれていて、猫好きにはこたえられない魅力に満ちています。生と死に関する深い意味を持つ言葉が語られているにもかかわらず楽しく読み進められるのは、死を否定的にはとらえたくない著者の断固たる思いによるのでしょう。

死は人を暗い虚無のなかに引きずり込むものでもなければ、愛し合う者たちを引き裂くものでもないと、本書は力強く語っています。この心温まる著者の声に、一人でも多くの方が耳を傾けてくださるよう祈ってやみません。

最後になりましたが、眠っていた原稿に出版という光をあててくださったハート出版編集長の藤川進さんに、心からお礼を申し上げます。

二〇〇六年三月　　　荒川節子

著者紹介／**フィリップ・ラグノー**

1917年、オルレアンに生まれる。フランスのエリート校、高等商業専門学校卒。第二次世界大戦末期、国土解放運動に加わり、フランス解放勲章やレジオンドヌール勲章など多数の勲章を受章。戦後はマスコミの世界で活躍。新聞数紙を創刊し、テレビ局『アンテヌ２』を創設。また長年にわたりドゴールの側近も務める。1976年以降執筆活動に取り組み、国土解放運動やドゴールに関するもの、あるいは猫に関するものなど30冊以上の著書がある。2003年10月、プロヴァンス地方のゴルドにて永逝。

訳者紹介／**荒川節子**

大阪府生まれ。関西学院大学法学部卒。本書は初めての訳書。猫とバッハとフランス語をこよなく愛する関西人。

亡き妻との魂の交流
愛は死を超えて

平成18年４月６日　第１刷発行

著者　フィリップ・ラグノー
発行者　日高裕明
Printed in Japan

発行　ハート出版

〒171-0014　東京都豊島区池袋３－９－23
TEL03-3590-6077　FAX03-3590-6078
ハート出版ホームページ　http://www.810.co.jp

乱丁、落丁はお取り替えします。その他お気づきの点がございましたらお知らせ下さい。
ISBN4-89295-534-5　編集担当／藤川　印刷／中央精版

スピリチュアル・ラブストーリー

改訂版 霊犬ジローの日記

愛したペットは死後も私のそばにいた

亡くなった柴犬ジローから飼い主の大学教授へ送られたメッセージ。姿は見えないけれど確かなその存在を教授は日記風に記録した。

浅野三平／著　本体価格１５００円

千恵とふしぎの犬 那智

だからこの犬猫《こたち》を救いたい

人も動物も、魂を宿す存在。肉体はほろんでも魂は生きている。だからしっかり生き、しっかり死ななくてはならないのだ。動物の命を救うために奔走する本当の理由。

濱井千恵／著　本体価格１５００円

光の剣

遥かなる過去世への旅

ホリスティック医療の第一人者による、過去世療法30年の記録。ヨーロッパで「現代の古典」と呼ばれる名著。死は生命の終わりではなく通過点なのである。

クリスチアン・T・シャラー／著　浅岡夢二／訳　本体価格１５００円

4-89295-487-X

4-89295-492-6

4-89295-502-7

あなたの側にあるもう一つの世界

死後体験

これまでは「特別な能力」を備えた人しか行くことの出来なかった死後の世界を、身近な既知のものとして紹介。死後世界を「科学的」かつ「客観的」に体験した驚きの内容。

坂本政道／著

本体価格１５００円

死後体験Ⅱ

前作では行くことの出来なかった高い次元へのスピリチュアルな探索。太陽系は？　銀河系は？　それよりはるかに高く、遠い宇宙は？　見たことも聞いたこともない世界が広がる。

坂本政道／著

本体価格１５００円

死後体験Ⅲ

前2作を超え、宇宙の深淵へ。意識の進化と近未来の人類の姿。宇宙に満ちあふれる「生命」との出会いなど新たなる発見と驚きの連続。宇宙の向こうには、さらに無数の宇宙がある。

坂本政道／著

本体価格１５００円

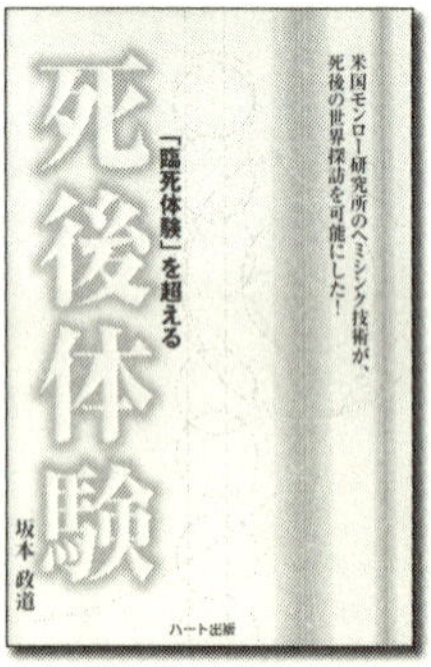

4-89295-478-0

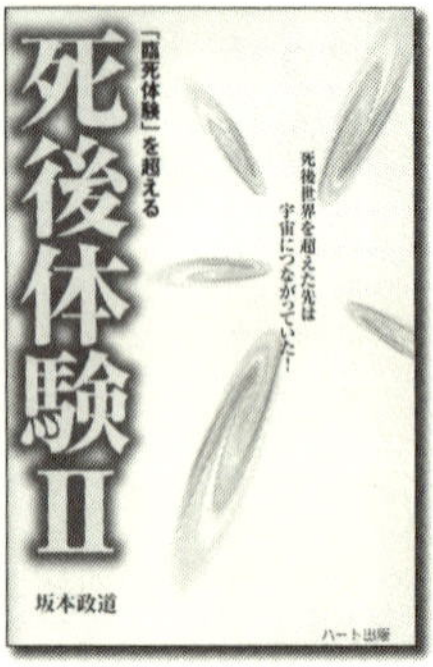

4-89295-465-9

4-89295-506-X

あなたの側にあるもう一つの世界

スーパー・ラブ

死後体験シリーズを、よりシンプルにした内容。本物の愛とはなにか、死をも乗り超える愛とはなにかを説く。日本人になじみのある仏教の視点からも宇宙と生死観を考える。

坂本政道／著　本体価格1300円

絵で見る死後体験

著者がかいま見た「死後世界」を著者自身の手によるイラストによって再現。文章を超えたイメージ世界が全面にひろがる。また、ヘミシンクの原理や愛の原理などもよくわかる。

坂本政道／著　本体価格1500円

未知への旅立ち

死後探索シリーズ1／ブルース・モーエン著

命に秘められた宇宙意識。肉体を超えた意識が息づく未知なる世界を探索する著者。通常、死者が体験するという非物質界への旅立ちが、脳を変性意識に導くことで生きながらにして可能になった。

坂本政道／監訳　本体価格1500円

4-89295-457-8

4-89295-522-1

4-89295-528-0

生まれてきたのはなぜ？
悲しみ、苦しむのはなぜ？
涙をこぼすのはなぜ？
そのすべてに
価値と意味、愛がある

【シルバーバーチとは……】

1920年から60年間もの長きにわたり、英国人モーリス・バーバネルの肉体を借りて人生の奥義を語ってきたスピリット。「ダイヤモンドの輝き」と評されるメッセージは、高名なスピリットたちの中でも、とりわけ明快かつ説得力を持ち、今なお多くの人々に感動を与え続けている。

シルバーバーチの新たなる啓示

T・オーツセン 編
近藤千雄 訳
本体1300円

「古代霊シルバーバーチ新たなる啓示」改題
シルバーバーチ最後の霊言集の
前半部分を収録。

シルバーバーチ最後の啓示

T・オーツセン 編
近藤千雄 訳
本体1300円

「古代霊シルバーバーチ最後の啓示」改題
シルバーバーチ最後の霊言集の
後半部分を収録。